JN164017

新版 伊予弁ぞな

ンから始めよう

□…方言に光をあててみよう。そう考えた。何割かの人には、恥の代表のように思われてきた伊予弁も、考えようによっては誇りの代表であり、自己主張、情報発信に使える。府県ランクや都市間競争が言われる昨今だ。目立つには、歴史財産を生かすのも手だ。

□…そこでまず、ンから始めよう。「がっこ行くン」「行きよン」「帰るン」「帰りよるン」。ンには、そのアクセントの用い方によって、詰問になったり、穏やかな問い掛けになったり、分かったことへの念押し、単なるあいさつ語尾だったりする。何と、ンの意味の豊富な土地柄だ。

□…ンだけで気が済まない伊予人は「行きよるンカヤナー」などと重ねるから、時間がかかる。カヤもナーもそのうち触れよう。

アイコ

□…「じゃんけん、ぽん。あいこでしょ」のアイコ。相子、つまり同等、一緒、互いに勝ち負けのないという意味。

□…じゃんけん程度ならよいが、厳しい身分制度の時代には、身を切るようにして、相互にアイコであると、わざわざ確認し合う必要があった。また、勝負事が盛んな時代にも、けんか刃傷(にんじょう)ざたが多くて、意識的にアイコじゃないかと、言い合わねばならなかった。

□…四民平等と、私事かけ事の厳禁社会となって、アイコの出番はめっきり減った。とは言え、弱者の立場からは「アイコ(同等)でしょ」は絶対残しておきたい。地域社会の崩壊傾向にも「アイコ(共有社会、共同社会)でしょ」という言い方も使っていきたいものだ。

アイマ

□…全国的には万事が「間合い」が大切だなどと言うが、伊予では、この言葉をひっくり返したような「アイマ」を大事にしてきた。アイマをアイナカ、アイダカと言ったりする。

□…「勤めのアイマに田畑を耕しとるのよ」とか、「父と母のアイナカで眠ったら、家族ちゅうのはいいもんじゃナア」「男と女のアイナカは、切っても切れん縁ちゅうもんがあってナア」と言ったりする。平常、平生、そこに精神的余裕の持てる生活空間こそ、アイマだった。

□…アイマでも、これがアイマ食いと言えば、間食のこと。アイマには飲食せず、胃を休ませるよう戒めとしてよく用いた。昨今はアイマにも暴飲暴食の風潮になり、アイマ食いの良否も、あいまいになった。

アガリト

□…昔の農家は、玄関を入ったところが土間。さらに座敷に上がろうとする場所に、ほどよい高さのアガリトがあった。アガリサキ、アガリタテ、アガリハナとも言った。座敷に上がるワンステップのスペースで、中を履物や小物入れにしていた。

□…このアガリトは、実に便利な生活スペースで、子供が帰った際や、農作業でちょっと汚れた足裏の点検もできた。とりわけ、来客時に、「まあ、アガリトで何じゃけど」と、腰掛けさせての長話になった。

□…座敷に上がっての形式を重んじるほどでもなく、立ち話程度の粗略でもなく、お互いが主張や立場を一歩譲った格好で話し込む。そんな気軽で、和やかな生活を楽しんでいた場所が、アガリトだった。

アケザ

□…平凡な日常会話の進行中に、やおら「アケザに言うたらナ」と前口上のうえ、ずばり切り込んで来る。しゃべり手は、ここからが本筋とばかり、大抵は大まじめな表情になる。アケザとは、あけすけにとか、隠し立てせずに、の意味。

□…会った最初から本筋の話では、人間関係もおかしくなる。と言っても、長々の無駄話では時間もかかる。そこで、この便利なアケザ宣言を用いるのだ。

□…アケザは会話に潤滑油をさす効果もあれば、対等だった会話が、ここから宣言者の独壇場に移ってしまうこともある。昨今の迅速を旨とするビジネスライフに慣れない向きは、やはり、せっかちなアケザ宣言に嫌悪感を持ちがちだ。そう思わせないアケザ技術習得者が優秀ビジネスマンだ。

アズル

□…サイフに、かなりのゆとりを秘めながら、「うちゃあ、子供に金が掛かって、アズルかい（——いるのですよ）」と、それらしい表情をする。道楽に入れこんだ亭主が、「うちのカカアは付き合いが派手で、アズットル」と自分を棚に上げて泣いてみせる。へり下りと粉飾のしばしば込められた言葉。

□…てこずるとか、大困りの意味で使うアズル。それだけで気は納まらないと「アズルカエル」「アズリマワル」「アズリコム」「アズリコンドル」と、いっぱい強調してやまない。共通語でもあり、伊予弁でもあるアズル。

□…共通語的意味合いと伊予弁的意味合いは、微妙に違っている。「足摺（す）る」が語源のような、忙しく奔走する、の意味では使わない。

アシャー

□…落語でおなじみの、職人さんがよく使った私という意味のアッシ。伊予では、これが縮まってアシ。「アシトコノ、アシノアニキガノー」（私のうちの、私の兄が）「アシカク、イカンカ」（私の家に行かないか）といった具合。

□…伊予の男がよく言ったセリフに「アシャー、タマランカイ」（私はたまらない）「アシャー、シラン」（私は知らない）などがある。「アシ」は「ワシ」の「WA」の「W」が飛んだのだろうし、「アシャー」は「アシは」を言いやすくしたのだろう。

□…アシャーと言い合って会話できる、開放的で明るい間柄が、消えようとしている。「アシャー、松商シカ応援セン」と言う元気なアシャーおじさんが居なくなるのは、寂しい。

アセロシイ

□…気候温暖、人情温厚の伊予でも、さすがに年末ともなると、慌ただしい。「アセロシイテテ、タマランカイ」とぼやきながら、ねじり鉢巻きのオッさんは、朝早くから仕入れにいそしんで、もうけの皮算用を巡らしてか、店先に笑顔を振りまく。

□…アセロシイは、焦るからきた言葉だろう。慌ただしいとか、気ぜわしいの意味もあれば、それに加えて、いらいらするという心理的なニュアンスもこもる。「アセロシイやつよ。コナイツ(あいつ)は」と侮って言ったりする。

□…伊予独特の使い方らしく、アセクロシイなども言う。アセロシイと比べると、アセクロシイは、やや自虐や憤慨の思いがこもる。北陸あたりではアセクラシイと言うそうだ。

～イ

□…ご当地には、イ文化とナ文化がある、のを知っトイデようか。イが非常に好きな人と、ナが非常に好きな人が共存していて、家族単位では、どちらかに偏る傾向もある。

□…「はよ起きイ」「起きらイ」。「はよ、飯食わんかイ」「食わイ」。「はよ寝イ」「寝らイ」とまあ、朝から晩まで、イを用いて命令し、そうするよと同じイでやり返す。そこでナのほう。「はよ起きナ」「起きらいナ」。「はよお食いナ」「食わいナ」。「はよお寝ねナ」「寝らいナ」と、こちらもナで命令し、ナで対抗する。ナのほうの話は、また別の機会に。

□…さて、お宅はどちらの傾向？ ひょっとすると、イとナをそれぞれ使いがちな私たちは、別々の地域にルーツがあるのでは。

イコス

□…高度成長期の初期、プロパンガスの普及とともに消えた言葉に、イコスやイコルがある。イコルを漢字で書くと「熾る」。全国共通語のようだが、主に関西で使った。火を炭に移して盛んに燃えるようにする作業をイコスと言い、そうした状態になるのをイコルと言った。

□…炭と七輪や火鉢が生活必需品の時代には、イコスもイコルも、当たり前に使った。イコス技術を身に付ければ、一人前。家事労働の大事な一員になれた。

□…昨今、バーベキューが流行し始めて、炭が再び一般家庭に戻ってきたが、悲しいかな、炭火が継続的かつ日常的に使われることは、もうない。イコス作業も、ガスを使えば容易になって、煙にむせぶ必要もなくなった。

イソシイ

□…褒められているのかと思ったら冷笑だったり、あいさつされたのかと思ったら冷やかしだったりする言葉がある。言葉に、表と裏のある典型の一つが、伊予で言うイソシイ。

□…「イソシイなあ」とは、機敏によく働くの意味がある一方、大人にしか通用しない隠語的に、小指を立てて「(あっちのほうが)イソシイ男よ」などと言ったりする。馬力のあることに間違いはないのだろうが、勤勉の意味もいろいろ複雑多岐だ。

□…また、ある時に「イソシイなあ」は、元気ですねえ、なのだが、「はいはい」などと応じると、落ち着きがないと言われていることで、喜んだ表情をすると、おかしくなったりする。言葉の受け止め方も難しいものだ。

イチガイナ

□…方言のほとんどが衰退の歴史をたどる中で、たくましく生き残り、いやむしろ、生き生きと、さらに引き続き積極的に使われそうな例もある。その一つが「イチガイナ」。そう考えられる理由は何か？

□…「一概に」とは「おしなべて」の意味だが、「イチガイナ」となると、意味ががらっと変わって、「強情な、頑固一徹な、律義過ぎる、生一本だ、片意地を張る、融通がきかない」と思える状態や人物自身を指す。

□…イチガイナが、なぜ生き残りそうか？　高齢化社会の到来がある。イチガイナ人が増えていきそうな気配が濃厚だ。夫婦そろって、お互いに「あんたはイチガイナ」と、ののしり合いながら、仲良く長生きできるのだ。

イチマキ

□…「あそこのイチマキは結束が固い」「困っても、最後に頼れるのはウチのイチマキよ」などと言った。イチマキとは一巻。絵巻物や忍者虎の巻の世界ではなくて、一族とか親類縁者のこと。ちゃんと共通語としても使われてきたが、伊予では、このイチマキが独特の言い回しで強力に作用してきた。

□…と言っても、昔のこと。核家族時代の到来で、イチマキの効能は、結婚式や葬式に復元する程度。いま時日常生活でイチマキを振りかざしては、古いと思われるか、変な目で見られ、孤立さえしかねない。

□…イチマキが衰え、最後の砦としての血族集団・家族の意義すらも、おぼつかない。家族の復権が叫ばれても、イチマキの復権は、さてどうか。

イデラシイ

□…長持ちしているのが素晴らしいと思う時代があった。持ちがいい、の意味の「イデラシイなあ」は、鉛筆であったり、炭であったり、保存食であったりした。やがて、長持ちするものまで打ち捨て、何事も目新しいものが優れていると思ってしまう時代へ。

□…イデラシイは、時にはラ抜きでイデシイとも言った。松山独特の言葉であるらしい。じいさんが使っていた小刀を孫がいまだに使っているとか、商家の小箱が半世紀以上も現役だったり、明治の家にいまだに住んでいるとか、すべてイデラシイのだ。

□…イデラシイは省資源文化、節約文化の象徴語。多消費型生活で、イデラシイの出番は壊滅したか。環境保全が重要な時代だ!、再登場させたい言葉だ。

イナゲナ

□…イナゲナは「異なげな」から来たのだろうか。面白いことに、このイナゲナも、北陸から中四国、わが伊予あたりの、イナゲナ圏?とも言えるあたりで通用している。

□…伊予に定着したイナゲナは、「きょうはイナゲナ天気じゃなあ」とか「あいつは、イナゲナ男よ」「イナゲナ格好をしられん」とか言って、外見から心理的な部分まで、いやらしいとか、粗末なとか、意に沿わない事象に、何でも使っている。

□…決していい意味で使わないのが、イナゲナ。裏返すと、イナゲナ圏では、いつも同じで、変化がないことこそ快適、とする思想が普及しているということだ。変化の激しい時代には、イナゲナことこそ、いいのだとする逆発想が必要だ。

イヌル

□…夫と妻のただならぬ会話。夫「もうイナス、イネ、さっさとイナンカ、オイニ」。妻「イナン、いいえのイヌル、イニマス、イノイノ、イノヤノー」。ことは重大事。夫の離縁宣告に、妻が里帰り宣告で対抗しているのだ。ベテラン夫婦には、思いあたる節も多いはず。

□…イヌルとは、帰るの意味。イナスとなると、帰す、つまり離縁する意味になる。命令形や念押し言葉で、語尾がさまざまに変わる。ただ、時代は変わって、イナスは全く通用しなくなった。イナレン(帰らないでー)は残るかもしれない。

□…複数で「イノヤ」とか「イヌルケ」「イノイノ」となると、イニシナニ(帰る途中に)飲み屋さんへ寄ったりする。

イヨイヨ

□…伊予にイヨイヨという重ね言葉がある。「とうとうやって来た」の、あのいよいよではない。ヨイヨイとひっくり返すと、相手を呼んでいたり、あれまあと驚きの意味になったりする。イヨイヨは、時には手に汗し、額に油をにじませ、緊張のボルテージをあげていたりする。

□…切羽詰まって、「イヨイヨ参ったカイ」と言う。「元気かな」と声掛けしたら「イヨイヨじゃカイ」と来る。「さっぱりよ」と消え尽きそうな話になる。大層とか、全く、非常になどの意味で使う。

□…イヨイヨを聞かされて、早とちりしてはならない。イヨイヨは聞き分けないと、弱り果てた表現なのか、喜びの表現なのか、取り違える恐れもある。困っているのかと同情しかけたら、のろけ話を聞かされたりする。

イラウ

□…触る、触れるの意味のイラウ。「イラワレン」「イロトーミヤ」「イロタライクカヤ」などと使う。伊予では同様な意味で「マガル」もある。イラウとマガルの使い分けも、定かではなくなったが――。

□…イラウには、物理的接触動作と別に、人間と人間の交渉ごと、干渉ごと、かかわりごとにも、奥深いニュアンスを込めて用いてきた。小声で言ったり、身ぶり手ぶりで、意味を伝えたりする。

□…男と女の間柄で、心理的用法として使うイラウには、もてあそぶなどという、ただならぬ気配の人間模様ものぞく。買収工作に第三者がイラウとなると、お手が後ろに回ったりする。悪い行為に限らず、イラワなければ打開できない局面もないではない。

イラバカス

□…「イラバカシちゃれ」「イラバカサれん」などと使うイラバカス。共通語にすると、嫌がらせてやれ、嫌がらせてはいけない、という意味。ただ、それだけの解釈ではいけない。

□…同じような伊予言葉に、テガウがある。程度から言えば、テガウのほうにも、からかいの意味があるが、程度が軽い。もう少ししつこくなるのが、イラバカス。さらにエスカレートすると、現代風なイビルになっていく。

□…相手をいらいらさせるにも、その程度や手心というものが、子供の世界にも理解されていた。人と人が、親密さと緊張感を持って対したいものだが、昨今はその距離感が取れない。嫌がらせ、嫌がらせられる巧みなキャッチボールも時には必要なのだが。

ウサル

□…大事なモノを落としたらしく、後戻りしても見つからない。身に着けていなかったのだろうか、と別の思いが頭をめぐる。モノを大事にしていた昔は、多くの人が、こんな悩み事をしばしば体験していた。

□…「またウサシたんかや」「物じゃケン、ウサルこともあらい」「ウササレン言うとろがや」「人間じゃケン、ウサスこともあらい」。ウサルは、なくしてしまうの意味。大抵の地方語が、かつて用いた古語からの変化であるように、これも「失セル」が語源らしい。

□…いまは「ウサシた」と思っても、「少々の物をウサシたテテ、安いんじゃケン、また買うたらエエ」となった。幸か不幸か、親子、夫婦でウサル、ウサスと言い争わなくなった。

ウズレル

□…現代人に連綿とつながる原始伊予人は、大陸、それも乾燥地帯からやって来たのではないだろうか、と考えてしまう。汗っかきが多いし、湿度の上昇にも、少々適応しがたいふうなのは、その肉体的性（さが）のなせるわざではないかと。
□…「きょうはウズレルなあ」「そうよそうよ、ウズレルちゅうんは、嫌なもんよ」「あしたは、雨じゃろなあ」と、皮膚感覚で天候の行方を素早くキャッチしてしまう。ウズレルとは、蒸し暑い状態を言うのだが、この地方ではとりわけ、不快でたまらないとの思いが強くこもる。
□…それにしても、このウズレルは独特の言い方だ。ひょっとして、ウズレルの故郷探しをしていけば、われらがルーツにたどり着けるのではないか。

エセラウ

□…人同士の差別意識が世の中にまん延していた時代があった。固定観念として優劣感が動かしがたかった中で、時によっては、実力の世界で、優劣が逆転してしまう皮肉な事態が起きた。そこで人同士は「そういうこともあるさ。それが人間社会の面白さだよ」と理解し合えばいいものを、がちがち頭は融通がきかない。
□…エセラウとは、他人が優れているのを、うらやんで、憎らしく思うこと。少し古い使い方では、エセロウとも言った。
□…自分のほうが優れているとの考え方は捨てがたい。他人の優れていた原因を何とか探し出し、自分を納得させる。声は小さく、言葉はきつく、もっともらしい理由付けは、やがて独り歩きしてしまう。

エッポド

□…「あいつが怒ったんじゃケン、エッポド腹が立ったんぜ」だの、「エッポドじゃないと、男が泣いちゃいくまいガナ」という言い方をする。エッポドを使う時は、そう言っている人間の脳細胞はかなりオーバーヒートしている。

□…ぬるま湯文化地域の高ぶりようだから、たかが知れているが、本人は、至って平常心ではおれないのだ。それでも、少し冷静になると、エッポドはヨッポドになり、やがてヨホドへと共通語に回帰していく。地声は地方語で、建前になると標準語へ、が一般的ということだろう。

□…周辺がすべて激変する今日では、エッポドくらいでは驚かず、エッポドのエッポドでないと驚嘆しなくなった。エッポドは力を失ってきた。

オイデヤ

□…関西弁で、いらっしゃいは、オイデヤス。それからスを取り除いたわけではなかろうが、伊予ではオイデヤと言う。ご当地ソング・おいでや小唄なども戦後に作られた。

□…オイデを漢字で書くと「御出」で、行くとか、来るとか、居るとかの尊敬語だ。ヤを付けると、伊予の優しさ言葉になる。このヤの微妙な強弱トーンを使いこなせると、独特の親しい間柄が分かり合える。

□…ただ、オイデナとなると、話がややこしい。このナの意味をちゃんと理解しないと、来てくださいなのか、来てはいけないと言っているのか、取り違えると大変だ。オイデナヤと重ねると、来てはいけないよと駄目押しになるが、さて、よそ人に理解してもらえるだろうか。

オイリンカ

□…「買ってくれませんかネ、必要ないでしょうか」という意味の、オイリンカ。「要る」に「お」を冠して意思を丁寧に伝える言葉だ。商人の、ちょっと後ろ下がりに「必要だったら買ってくださいよ」の、情緒のこもった言い方だ。

□…かつては、松山平野のあちこちでも、売り荷を頭に載せたり、肩にしたり、荷車や自転車で運ぶ行商が盛んで、それぞれの人たちがそれで一家を支えていた。道端で、あるいは民家の軒先でオイリンカがまずあって、売り手と買い手の間のコミュニケーションがうまく弾んだ。

□…いまは、センスを凝らしたふうでも、「さあ買え」調子の商売用語がはんらんしている。一方通行になってしまったのだ。

オードナ

□…「あいつはオードナよ。だれに似たんじゃろか。大けがせなんだらえーけんど」とか、「オードナオードナよ。危のうても、やってしもーたんじゃリン」だの、「オードナにんげ（人間）でのうて、出世するカヤな」と、おしゃべりしていた。

□…オードナは、大胆なの意味。小心で神経質体質で、重箱の底ほじくりが得意な土地柄では、オードナ人柄は希少で、別人扱いされたり、奇人視されたり、たまには特別の高評価を受けたりしてきた。

□…平均的気質が勢力を失いかける時代になってきた。希少な気質や人格が、創造性や独創性を発揮し始めた。オードナ人たちの手で、リスクを背負ってまでもの、新技術や新ビジネスが生まれている。

オガス

□…「ありゃりゃあ、オガサレとる、がや」のオガス。根っこから掘り起こすの意味。元の場所に花や木や野菜が植わっていたのに、まんまと盗み取られ、こん畜生と思う際などに、こう言っていた。

□…「もっと大勢でやらんと、オゲンもんよ」なども使った。大地を開墾するために、大木を切り倒し、根っこを何人も掛かりでオガシた。便利な掘り起こし機械があったわけでもなく、その作業は文字通り、土との戦いであった。オガスは、時によって、自然に逆らう行為になったり、正当な行為になったりした。

□…オガスは、なぜか四国特有の言葉だ。他地方では、壊すとか駄目にするなど少しニュアンスが異なる。やはり反自然的行為という点では共通だ。

オコライ

□…いつでも（アイ・ム）ソーリーを使って、謙譲の気持ちを示し、親しくなれる国際人がいる。東京風なら、すみません。大阪風なら、すまんすまん。京都風なら、堪忍ドスエ。全国区なら、どうも。伊予風になると、オコライ。

□…オコライも、いろいろ段階があって、すみませんで済ませてくれないと、オコライ、オコライと重ねる。いらだたしく言われると、オをはね飛ばしコライテヤ。丁寧に謝ろうとすれば、オコライナヤと、こらえていいのかどうか分からないような表現法を用い、他地域の人には、そのニュアンスが理解しがたい。

□…国際化時代だし、ソーリーの向こうを張って、オコライも自信を持って世界で普及させたい。

オシゴミ

□…古い民家には、部屋ごとに分厚い木の扉の「オシゴミ（押し入れ）」があった。内部が適度に余裕のあるスペースで、子供がすねて潜り込んだり、そして知らぬ間に眠り込み、家人が「わが子の姿が見えなくなった」と大騒ぎした。

□…外から見ると何でもないオシゴミも、子供にとっては、環境の違う異次元世界だった。家の中であって家の中でないような、昼間でも怖い暗さが味わえ、大家族でも孤独の味わえる、何とも奇妙な生活空間だった。

□…衣類や寝具を一定の場所にしまい込むのを、押し入れると言うか、押し込むと言うか。中央では、押し入れが優勢になった。押し込みと言う地域もある中で、わが伊予などは、これを「オシゴミ」と濁った。

オジクソ

□…昔は、生活の場に恐ろしいものがいっぱいあって、夜はその思いがさらに強かった。夜間に肝(きも)だめしと称して、子供同士で恐ろしげな場所に行けるかどうかを試し合った。しり込みすると、背後の年長者から「オジクソがー」の声が飛んできた。

□…恐ろしく思っていたものが、そんなに恐ろしいものではないと気付いてきた子供など、自分に言われてきた「オジクソ」を、さっさと目下の子に転化するすべを知っていた。そのまま伝えるだけでは物足りなくて、「オジクソタレ」と長めにしたりした。

□…このオジクソ。愛知や三重あたりでも使っている。ひょっとしたら、旧藩主とともにやってきたわれらが先祖たちが持ち込んだ言葉ではあるまいか。

オシナ

□…文字で書くと同じでも、言いようと使いようで全く逆になる言葉がある。こういう言葉遣いは、新聞には苦手だ。オシナは、その代表例だ。その微妙なニュアンスは、伊予ではぐくまれた。

□…オシナは、アクセントの使い分けで「しなさい」と「してはいけない」になる。子供は、親、特に母親に、このオシナをたびたび言われて育った。してはいけないことと、積極的にしなければならないことを、耳で微妙に聞き分け、育てられる風土だったのだ。

□…頭ごなしの強いオシナもあれば、柔らかい調子のオシナも、あった。その語調で、子は親の期待、いらだちも聞き分けてきた。オシナが消えると、どうなろうか。

オセラシイ

□…少し成長して、「オセラシ（イ）なったなあ」と人から言われれば、一人前に扱われる日も間近。子供心に、漠然とした自信のようなものを感じ、気分を良くした。あまり背伸びし過ぎると「オセラシイまねシラレン」と言われた。

□…大背（オホセ）、大兄（オホセ）、長（オサ）あたりから、大人や成人のことをオセというようになったらしい。西日本各地で使われてきたが、オセラシイは、松山など、もう少し使用範囲が狭まっている。

□…大人は、子供を自分たちの列に加えようとする時に意識的に、オセラシイを使った。背伸びさすでもなく、子供扱いし過ぎるでもなく、認めてやるか、認めてやらないか、世間さまの評価基準がちゃんとしていた時代の言葉だ。

オダコシイ

□…寒さは、だれもが耐えがたい。防寒着がまだ上等でなかった時代には、五、六枚以上は当たり前と、だれもが何枚も重ね着をした。まるで達磨(だるま)さんのようになりながら、ほおを真っ赤にして、その格好を互いが笑い合った。

□…「オダコシイのう」「あんたも、オダコシイんじゃがな」と言うオダコシイは、この厚着でかさばったさまの意味。「オダコシイてて」という場合は、厚着して、動きが取れないほど窮屈で、気持ちが悪いほどの心理状態を、本人の側から表現した使い方。

□…近年は、薄着に高価な防寒着を一枚羽織ったのがセンスがいい、となった。ミニスカートに宇宙服もどきまでも。移動も車、部屋は暖房となり、オダコシイ着方は、さらに不評だ。

オトゴ

□…軍国主義華やかな時代には、産めよ増やせよで兄弟姉妹の多い大家族が珍しくなかった。大抵の家にオトゴと呼ぶ末っ子が居た。「あの子が、○○さんとこのオトゴじゃあ」などと使った。乙子の字が当てはまるのだろうか。

□…兄とか姉、弟や妹とかも、いっぱい居て、オケニイ（大きい兄）コマニイ（こまい兄）などと使い分けた。その兄弟姉妹たちにとって、オトゴは、おもちゃのような存在で、オトゴのほうは、その扱われように、うれしがったり、迷惑がったりした。

□…長子は長子なりに、オトゴはオトゴなりに、人間は違いを持って生まれると悟りあい、それぞれ違った役割と責任を自覚し合った。いまは、だれもが長子でオトゴのような時代だ。

オトドイ

□…「いっつもオトドイで一緒に遊びよるナア」や「だれが見ても、あんたらはオトドイじゃと分かる顔しとらい」と、言われたオトドイ。「弟兄」が語源らしく、兄弟姉妹の意味で用いた。とすると、弟を先に持ってくる表現は、なぜ、そうだったのだろうか。

□…今日まで、生き延びてきたのは、兄弟とか、姉妹のように、要するに年長からの順番だ。「長幼序あり」などという強者優先主義、長子相続制あたりから、そうなったのだろうか。

□…それ以前にオトドイが存在したのかもしれないし、兄弟姉妹が公用語に成長するなかで、オトドイは非公用語として、たくましく生き抜いてきたのだろうか。残念ながら、弱者優先のような、この言葉は余命幾ばくもない。

オトドシイ

□…街角で奥ゆかしい女と男の会話。「オトドシュウございました」「オトドシイなあ、元気じゃったかな」。そこで手と手が触れ合って――。こんな名場面。残念ながら、かつての出来事。今日では伊予弁恋愛ドラマでも作らないと、お目にかかれない。

□…オトドシイとは、音遠しい、あるいは御遠々しいが語源であるらしい。漢字にしてみると分かりやすいように、疎遠だった間柄の人間同士が、出会った際に、「お久しぶりでした」の意味で使った。相手に出会えた喜び、こちらのぶさたをわびる清い思いがこもっていた。

□…「おひさ（しぶり――が省略）」なんて、軽い言葉の好きな現代の女と男。短い言葉通りに、破たんまでの期間も短くなった。

オトミ

□…お隣から「いっぺんに、ようけ作ったんで——」と器に入れた総菜が届く。「だんだん（ありがとう）」と礼を言って、中身をわが家の器に移し入れ、空になった器の中に、マッチ棒を三本ほど入れて戻す。

□…マッチ棒とは限っていなかったが、こうした、ちょっとした軽いお返しをオトミと称した。そうすることが、ごく自然な行為としての市井のエチケットだった。伊予の南部から高知あたりはオトメと言ったりする。

□…贈答の風習は、どんなに時代が変わっても廃れないだろうが、その全体構造は変わってきている。心尽くしから形式第一主義へ、デパートや専門店挙げての贈答の巨大産業も。かつてのオトミも、いまではオオトミ（大富）化した。

オドレ

□…「オドレ」と急に言われても、阿波踊りのように気持ちよく踊り始めてはいけない。相手は、怒り心頭に達しているのだ。そこで踊りだしては、漫才の突っ込みとボケの関係とはならない。ますます形勢は険しくなっていく。

□…オドレは、おのれ（己）が語源だろう。おのれとは、自分自身を指す場合もあるが、この場合、「あんた」の意味で理解しておこう。関西では「自分は」が「あんたは」の意味で会話によく使われている。

□…「おのれ」では空気が抜けたようで、気が済まない向きが、ドスをきかせて「オドレ」と濁り音で畳み掛けて、すごみをきかせた。「まあまあ」と仲裁役の出番となり、「オドレスドレじゃの言うのは、やめとおきナ」と収めるのだ。

オナグサミ

□…オナグサミとは、御慰。「とんだ御慰だな」などと皮肉な表現にも用いるが、伊予では、もっと大まじめ。春先に「オナグサミの季節が来たなあ」などと使ってきた。

□…ヒナ節句を前に、夜なべで一家を挙げての、ごちそう作り。出来上がると、おヒナさまに差し上げ、さて翌朝、花見遊山にと出掛ける行為が、オナグサミ。物置にしまい込んだ重箱の出番。重箱も三段とか五段重ねで、それを提げ金具付きのキリ箱に入れる携帯型が一般的だった。幼児用には、安価なかご重ねもあった。

□…昨今は毎日がごちそう漬けで、サクラも造花なら年中見られる。「一緒にオナグサミに行こう」などと突然騒いでも、「とんだ御慰だな」と言われよう。

オマイ

□…二人称の、あなたの意味で使う「オマイ」。同輩や目下に用いる。仲の良い同士が年を経て会って、「オマイかヤ」「オマイこそオマイじゃニヤ」「オマイもオマイらしゅうなったノウ」「オマイほどではないワイ」で、たちまち旧交が温まる。

□…夫婦間で用いることも多い。夫側の「オマイ」に相対する妻側の「アンタ」が共存する。「オマイが言うたケン、こうなっとろがや」「アンタがしたケンじゃがね」と、極めて深刻な言い争いから、犬もネコも食わない痴話げんかまで手軽に口に乗せる。

□…伊予の「オマイ&アンタ」は、情報交換、意思疎通にスムーズな役割を果たしてきた。この伊予弁の組み合わせを、地域特性看板に掲げてみては。

オヨソマク

□…「オヨソマクばっかし、言うてからに」「おまえのほうこそ、何でもオヨソマクじゃ」や、試験問題がさっぱり分からず「オヨソマクに書いたら、マルをくれた」りすることも。子供の世界に、オヨソマクはたくましく生きていた。

□…オヨソは、漢字で書くと、凡。おおよそまくりが簡略化したのだろうが、きちょうめんな教育者は、いい加減さの立ち居振る舞いが我慢ならない。「オヨソマクでは、凡人にしか、なれんぞね」などと凡童扱いでおっしゃっていた。

□…ところが、世も変わって、凡のほうが元気が良くなってきた。きちょうめんに、決まった通りに仕上げるよりも、自由奔放に、勝手気ままさに傾斜するほうが、時代を切り開き始めた。オヨソマク復権だ。

オラブ

□…上代からの古語が、地方語で生き残ったらしいのが、いくつもある。叫ぶの意味のオラブも、その一つだろう。ただ、日常生活で人声をあげることの値打ちが落ちてからは、オラブが野卑に感じられて、叫ぶに置き換えられた。

□…叫ぶより、オラブのほうが、意味に幅と奥行きがあるのではないか。オラブには、叫ぶのほかに、怒鳴る、泣き叫ぶ、大声で言う、応援の際の絶叫、口論する時のやりとり、などの豊かなイメージがある。

□…オラブは西日本地域で使ってきた。中央から西にたどった言葉か、朝鮮半島の泣き叫びの美意識のような、西から来た言葉だろうか。感情を素直に表現するオラブは最近、村おこしの定番・大声、叫び声大会で再生の兆しがある。

オワイツケル

□…「娘ばっかし、オワイツケテからに」と笑われながら、長老たちからお小言を頂く若者がいた。ストーカーなどという陰湿な反社会的行為ではなく、公開公然の、通過儀礼のような、おおらかな求愛行動が、かつてあった。

□…オワイツケルは追い回すの意味だが、「追わう」は、昨今みやびやかにすら感じる、もとは古語だ。オワイツケていた時代は、頭に血が上らず、ユーモアにあふれ、あるいは笑いの雰囲気すらあった。

□…娘をオワイツケルことに目覚める前の子供たちは、専ら「オワエー」や「オワエヤイコ」と呼んだ鬼ごっこに興じていた。山野で互いに足腰を鍛えておいて、やがて異性を求めてオワイツケル、青年行動期に移っていったのだ。

カエサマ

□…カエサマは、漢字で書くと「反様」。反対、逆という意味。浴衣一枚で過ごした昔の夏の気軽な生活では、子供がしばしば、うっかりと裏返しに着てしまって、「ありゃりゃあ、カエサマじゃあ」と、はやしたて合った。

□…どの街でも、夏の夜には盆踊りがいま以上に盛んだった。ただ踊るだけに飽き足らなくなると、男が女装を、女が男装になって、妙になまめかしさをただよわせたりした。これも子供心に「カエサマじゃあ」などと言い合っていた。倒錯の美が、非日常的な祭りの場にふさわしい雰囲気として魅力を持ち、人々を酔わせていたのだ。

□…カイサマとも言うが、カエサマは松山あたりでよく使い、カイサマは西日本全般で用いた。

カジガイク

□…よそ人は「カジガイク（火事になるよ）」「カジガイキヨル（火事が起きている）」という表現が分かりにくい。「ン？　火事がどこへ行くのだ？」と頭をかしげてしまう。もっと古い世代の人は「クァジガイクガヤ」「クァジガイキヨルガヤ」と言っていた。

□…昔は、子供の傍らに、いつでも「Ｍ９９」などと、お決まりマークのマッチ箱が手の届くところにあった。炊事場でもフロ場でも、いつも必要だったからだ。いつでもマッチをもてあそべるわけで、「ソナナコトシタラ、カジガイクガヤ」と大人を悩ませた。

□…火遊びといっても、大人の世界ではカジガイクことではないのか、と理解できるところには、マッチの正しい使い方も学び終えるのだ。

カチマス

□…「クラッそー」「ほうべたカチマッそー」「シワイたろうか」「ニヤクラカスぞー」「ツチマーして、ブチターす」。すさまじいケンカ腰。殴り合いが始まる気配だ。こうしたケンカ調子の言葉が豊富にあった。

□…クラスは強く殴るの意味。カチマスはこちらも殴るの意味。シワクはちょっと手心を加えた。ニヤスも、ぶん殴ると力を込めた。ツチマースは普通のたたき。ブチタースは殴打してひっくり返らせ、時には警察ざたになった。

□…よくもまあ、これほどの罵詈雑言を動員していたものだ。というのも、肉体的強じんさと声の大きさが優劣を制していた時代には、表現が強烈で、荒々しいほうが常に得をしていたのだ。

カゾム

□…「まあ、カゾンドウミヤ」「ヤッパシ、腐っとるようなカイ」「カゾンでから食べなイカン」。カゾムは、正確にはカザムだったのだろうか。カザは香気、つまり、かおりのこと。だから、カゾムは、においをかぐ、という意味。
□…においをかぐ、と言っても、人間の臭覚能力は、地域環境、とりわけ食生活とかかわってきたのだろう。においこそ、食べられるか、食べてはいけないかの最大尺度だったはず。カゾムの言葉を使ってきたのは、瀬戸内海沿岸から九州地域。カゾムは、内海鮮魚を食した文化圏に育った言葉ではないか。
□…食料品の保存技術の発達、インスタント食品の繁栄で、急にカゾンだりすると、周囲から変な目で見られかねなくなった。

～カヤ

□…哉(かな)と言えば、俳句の例の、～だなあという詠嘆の美しい締まり文句。ところが、俳句どころと言いながら、伊予の、～カヤや～ガヤを説明するには、いささか骨が折れる。軽妙さやどぎつさを知ってもらわねばならない。

□…「行くんカヤ」「行くガヤ」「だれガヤ」「だれカヤ」「おちょくるんカヤ」「おちょくっとるんじゃガヤ」「わしをだれか知っとるんカヤ」「知っとるガヤ」が、連続した会話で進行していることを理解できれば、合格点だ。

□…質問のようで質問でなかったり、問いただすようで、そうでなかったり、感想であって独り言のような、いらだちであって悟ったような、さすがに俳句どころ。微妙なニュアンスに顔色をうかがわねばならない苦労も満ちている。

カヤス

□…「カヤリよるぞね」「あーぁ、やっぱりカヤッた」「カヤサれん、いうたろがや」「いっぺんカヤッてしもたら、元に戻るカヤ」「カヤソ、ともてからに、カヤシたんじゃないわい」とカヤル、カヤスは、にぎやかに頻繁に使われた。

□…幼児が食い物が入った器をひっくり返すたび、片付けが大変なむきは、カヤル、カヤスと大声を上げてきた。大人たちも、祭りみこしを皆で持ち上げたときなど、傾き具合を見てカヤル、カヤスと大騒ぎしてきた。

□…ひっくり返るから、物事には変化があるのであり、ひっくり返すから、そこに学習が生まれるのだろう。おわんもお皿も、みこしも、人生も、企業も、カヤったり、カヤリそうになって、巻き返しエネルギーが起きてくるのだ。

カワクロシイ

□…サツマイモなどを食べる機会の多かったころ、食糧不足の中ではなおさら食欲は一段と強まっていたものの、のどの渇きには参った。こんな時、「カワクロシイ」と言って、周囲に飲み水が欲しいと訴えた。

□…「渇く」と「苦しい」が合体した言葉だろう。のどが渇く、だから苦しいなどと順序立てて、ゆっくり言っては、間に合わない。自然に、体が言わせた合体言葉だろう。この言葉、なぜか、四国島で特に使ってきた。

□…今日的な食べ物は、適度に水分を含んで食べやすく、そうでなければ、手の届く場所にジュースなどあって、苦しむ必要もなくなった。だから、血迷ったように突然、カワクロシイなどと口走ってしまうのは、食糧難体験世代だ。

～ガン

□…小さな駄菓子屋さんが、どの町にもあったころ、子供たちは、小額の貨幣や紙幣を握りしめて店先に立ち、「オバサン、これ、○○円ガン、オクレ」などとやっていた。ガンと言ったって、ピストルのおもちゃが欲しいと言うのではない。

□…～ガンとは、「に相当するものを」とか、「それほどの値打ち分を」とかの意味だ。いまのように、駄菓子もパッケージされて、最初から小売単価が決まっているのと違って、昔は量り売りが多かったのだろう。～ガンのほうが、売るほうも便利だった。

□…かつて、「○○文（あるいは銭）がところのものを、頂きたい」などと言っていたのが、生活テンポが速まって、「～ガン」と短縮されたらしい。

キシャナイ

□…伊予の男たちは、伊予の女に何か優しく語り掛けたりすると、「キシャナ」と反撃されてきた。その内容でも、言い方でも、女の感性から多少ずれたことを言えば、「キシャナ」をお返しされてきた。

□…気の強い男なら、キシャナは、関心を示してくれたことと勝手に解釈して、さらにキシャナの言葉を返してもらおうと努力した。気の弱い男は、キシャナに面食らって、ひるんでしまっていた。

□…伊予の女の使うキシャナイは、きたないよりも、はるかに柔軟性や融通性があり、ふところの深い言葉だった。キシャナの豊かなニュアンスを知らない人たちは、キシャナイを、きたない言葉の世界に閉じ込めて、女性を悲しくも理解できなくなった。

キャイクソ

□…幼児期には、きたない言葉をわざと強調的に使って喜びこける傾向があるようだ。オシッコだとか、ウンコだとか、親がハラハラしそうな言葉を使って、反応を見ながら反抗したり充足感に浸ったりする。

□…と言いながら、昔からその癖は大人たちにもあったようで、キャイクソのクソは、やはり糞（くそ）なのだろう。キャイは気合。気合糞なんて言っても、何のことやら分からず、「キャイクソが悪い」と表現してはじめて、留飲を下げる気持ちが伝えられる。

□…「キャイクソが悪い」は、気持ちの悪さの単純な表現から、極端な腹立ちまで、落差がある。「縁起でもない」から、「しゃくに障って我慢ならない」と怒り心頭に発している場合もあるので、要注意。

〜ギリ

□…義理という、いまでは古めかしくなった熟語を、盛んに使っていた時代があった。伊予人は、これとは全く異なる「〜ギリ」のほうも、盛んに用いていた。義理は大いに好まれて、ギリは大いに嫌った。

□…「朝から酒ギリ飲んでからに」「宴会では食うギリしとる、ちゅうじゃないか」「いっつも、ツイ（同じ）な服ギリ着とってからに」と。ギリとは、「〜だけ」とか「〜のみ」の意味で、「〜きり」がなまったのだろう。

□…してはいけない場合だけでもなくて、「勉強ギリしてからに」「本ギリ読んで」と、要するに、平均的感覚からずれると、この「〜ギリ」を飛ばして、やっつけあいをした。おかげで、凝り性のプロが生まれにくい土地柄だ。

クイチロ

□…寝てばかりで、怠けている者をネタロウと言うのに対して、やたら食べる者を、伊予ではクイチロと言ってきた。ネタロウが生産奨励社会には厄介者だったように、クイチロも、消費節約社会には、困り者だった。

□…勤勉で、馬力があり、ぼた餅（もち）を食べさせたら、ものすごい人が、どんな集落にも一人や二人は居た。当然、クイチロの代表格で、本人はぼた餅の数の実績を自慢するのだから、第三者は喜び、家族はホロホロ言っていた。子供もまた、大食漢になりそうだと、「クイチロが」と冷やかされた。

□…伊予のネタロウとクイチロで、新作狂言でもできまいか。主人を真ん中に「寝とるカヤ」「食わサレンぞよ」ってな具合に。

〜クサシ

□…物事に着手して、途中でやめたりすると、気持ちが悪くて仕方がない、という神経質さを持ち合わせた土地柄。子供がいい加減だと「本を読みクサシにしてからに」だとか、「食べクサシで席を立たレン」などと親は小言も言いたくなる。

□…〜クサシは、子供の世界だけではなくて、建築中の家屋が、なぜか中途半端に放置されていたりして、子供同士で「建てクサシにしてからに、どしてじゃろ」などとよく言ったものだ。やがて、倒産、夜逃げの言葉を知ってくる。

□…徹底主義が良いかと言えば、必ずしもそうではない。ツクシを採りクサシにしたほうが来年のためだし、魚も捕りクサシにしたほうが資源保護になる。〜クサシの意義も変わった。

クズシ

□…魚肉をすりつぶしてゆでたり、蒸したり、あぶり焼きする加工食品のカマボコ、チクワ、スマキなどの類。かつて庶民階層はクズシと呼んでいた。崩すから来た言葉だろうか。丁寧にオクズシと言ったり、カマボコを板クズシとも称していた。

□…クズシで通用していた時代に、この加工食品はよく売り歩かれていた。角張った竹かごなどに入れて、特に歳末に正月食品として「貰うてえな」と、おっさんが台所や炊事場をのぞきに来たものだ。

□…カマボコの名の由来は、すり身を竹に塗りつけて焼くのが、蒲(がま)の穂に似ていたから。風雅を知る階層の命名だろうか。おかげで、庶民に親しまれたクズシの名は、見事なまでに制圧されてしまった。

クジクル

□…クジ（ヲ）クルは、小事クルや公事クルの漢字が該当するらしい。わがままを言うとか、不満を言うとか、文句を言うとかの意味だ。サカクジ（逆クジ）になると、事態は風雲急を告げる。根本から曲解して、文句を言う意味で、「何じゃあナ」と、人間同士でパチパチ火花が散る。

□…日常よく使ったのが「この赤ちゃん、クジクッテ、いかんのよ」「クジクルのは、眠たいケンじゃがや」。数枚の見合い写真を前に、わが子に「いつまでクジクルんぞね。ええ加減で、見合い相手だけでも決めてくれんことにはー」と選択を迫る親。

□…生理的嫌悪感だろうと、美的選択の世界であろうと、人間は、不満や文句から出発して成長する。クジクルのも大切なことだ。

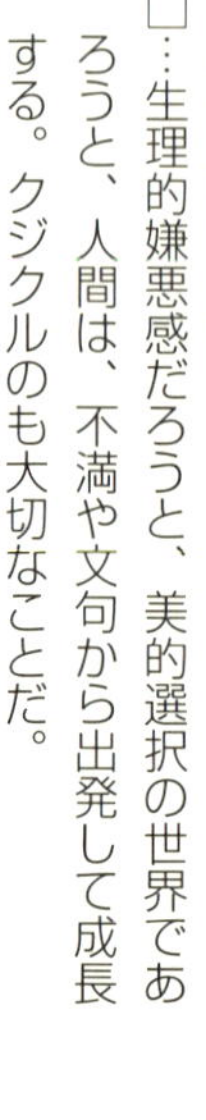

クラスマ

□…テレビなどなかったころ、部屋で雑誌などひっそり読むのを楽しむ人が随分多かった。夕刻、「そんなクラスマで読んだら、いかんぞね」などと注意されても、「クラスマじゃないガナ」と反論した。一度点灯させ、消灯してみたら、その暗さが分かった。

□…クラスマとは、暗い場所の意味。暗い隅、暗い隅っこ、あたりから来ているのだろう。昔は、夜更けて少々暗くなっても、仕事に励み、生活を続行する人が多かったから、クラスマの言葉は、日常茶飯事に飛び交っていた。

□…暗やみはまた、畏敬（いけい）の念でもとらえられていた。興味と恐怖が隣り合わせし、独特の想像をかき立てた。クラスマが消滅してからは、創造力も衰えてしまった。

〜ケ、ゲ

□…土佐のガ。しゃべり言葉の最後にガを使っている。これがまたよそ者には格好良く感じ入る。ところが伊予の末尾のケやゲは、どうも感じが良くない。昨今、評価が低いから、いずれ消えて行くだろう。

□…まず、ケ。「行くケ」は、ニュアンスによって行きますか、にもなり、行きましょう、にもなる。前後や状況を斟酌（しんしゃく）しなければならない。次はゲ。「困ろゲ」「つまらまいゲ」。こちらも、尋ねられているのか、断定されているのか、微妙なトーンは、腹を探るように努めねば理解しがたい。

□…余程、ゲが好きな土地柄だ。「あいつはゲー（おう吐物）の出そうなニンゲ（人間）じゃから」「ニンゲをニンゲと思わんようなやつよ」と話が弾む。

ゲスイタ

□…フロのほとんどが五右衛門さんだった時代、底も周囲もすべて金属製だから、そのままでは、やけどをする。入浴にはゲスイタが必需品だった。底に敷いたのが、ゲスイタ。漢字で書くと、下司板。板だから、もちろん木製。

□…子供のころから、これを二本の足で上手に沈めるコツを、もちろん裸で、だれもが身につけた。ゲスイタをフロ場で器用に遊び道具にする子供もいた。

□…ただし、五右衛門ブロの時代は、湯が熱くても、すぐに冷水が出るわけではない。ゆでダコのようになりながら、じっと我慢の入浴もしばしば。ゲスイタからは、照明の暗いフロ場、熱い湯を連想してしまう経験者も多い。だからというわけか、昔人間には、フロ嫌いが結構多かった。

ケナイ

□…安物を購入したところ、やはり値段ほどに長持ちせず、結局は高価な品のほうが良かった、という場合がある。そこで「ケナイなあ」と言えば、「安物はケナイちゅーんを知っとらな、いくまいがや」と、小言が返ってくる。

□…ケナイは、中四国や北九州あたりで使う。瀬戸内文化圏特有の言葉というわけだ。消耗が激しいとか、すぐに尽きてしまう、すぐなくなる、あっけない、などの意味がある。

□…品物の話ばかりではなくて、人間の生命も言ったりする。「ケナイなあ。きのうまで元気じゃったのに」と言えば、「そうよそうよ。人間じゃの言うんは、ケナイ」とくる。ただ、安物人間はケナイわけではなくて、逆に長生きだったりして——。

ケンタイ

□…嫁にやった娘が里帰りして、親が「あんたの出里じゃケン、おケンタイで休んでいったらええぞね」と優しい言葉を掛ける。しかし、それも長引いてくると、「居候の身じゃのに、おケンタイでごろ寝して、飯ばっかり食うてからに」などと嘆いたりする。

□…ケンタイは、なぜか、お（御）ケンタイと丁寧に言うことが多い。権利意識もまだ十分でなかった時代に、当然の権利だとか、対等の権利だとか、の意味で用いていた。

□…ただし、権利とは当然のことであると認識するか、そうではなく、権利はそんなに主張してはいけないし、もっと遠慮したほうが良かろうとする考え方に立つかで、夫婦、親子の間柄も、険しくなったり、和やかになったりする。

コイヨニ

□…「コイヨニしとーみ」とは、このようにしてみなさいという意味。親しい間柄で特に、よく通用したコイヨニ。「コイヨニしたら出来るんじゃがな」などとも。

□…もっと気が長めになると、「コイヨーニ、しとーみー、なー」と音を伸ばして、命令なのに、それこそ、あくびの出そうな風情になる。そうした、時がゆったりと流れ、言葉も緩やかに、ただよっていたような時代があった。

□…コイヨニは、親が子に、師匠が弟子に、ワザを実際に示して、教え諭す際に用いた。いまは、実地を伴わない口先だけの伝授が増えた。教える側がコイヨニを使うのを避けている。「言うとるのに、分からんのかや」と、言うほうが、実は分かっていない。

コーワイ

□…「どこへ、行きよいでるんゾナ」「映画を見に行こ、ともて」「そりゃ、お楽しみで」「まあ、イテ（行って）コーワイ」。ここらあたりのコーワイなら何となく理解されやすい。

□…「長居をしてしもてからに」「まだまだ、居ったらええガナ」「いいえノ、モンテコーワイ」のコーワイとなると、戻って、またやって来るのかと他郷の人に誤解されかねない。

□…コーワイは、同輩同士の、親しみを込めた味わい深い用法だ。独特の、何とも言えない、肌を接するような感触がある。上下関係や丁寧に及ぶと、イテカイリマス、イテオミルカ、モンテオミタカ、モンテカイリマスと、だんだん用法が難しくなる。昔の人は、ちゃんと使い分けていた。

コソバカス

□…「コソバカシチャロヤ」「コソバスのは面白い」「コソバイ」「コソバカサレン」。ときには「コ」が「ク」になって、「クスバイ」だの「クスバカス」などとも言う。くすぐるとか、くすぐったいの意味。

□…人と人は本来、ごく自然に肌を接していた。良い意味でのイチャイチャは、ごく当たり前だったわけで、親子、兄弟、他人さまとも、だから、互いの肌をちょっとつねってみたり、くすぐっていた。コソバカスは、日常的行為として繰り返され、その言葉も生きていた。

□…個人的自立とか、ややこしい時代になって、コソバカス行為は、大人から、やがて子供からも消えた。四国と北陸あたりで通用した言葉らしいから、都から広まったのだろうか。

コチアテル

□…「もうてー来い」などと相手ミコシを挑発しながら、みこし練りは、激突を期待する観衆にこたえようと、意気盛ん――といるつもりだが、なにさま皆一様に飲酒快楽の極み。練り人は、闘争本能ほどには足腰の定まらない危うさ。

□…「コチアテタ」。コチアテルぞねー。あーあ、やっぱりコチアテルは、ぶつかるとか突き当たるの意味。ここでは、ぶつけたのは残念ながら、相手ミコシではなくて、民家のひさしの屋根がわら。

□…昔を振り返ってみると、民家の軒は、あんなに手近な位置にあったのだ。深酒は祭りに付き物だったし、軒がわらのコチアテ災難は珍しくなく、宮総代とか練りの大将クラスが、余ったらしい酒を持参し、頭を下げに回っていた。

〜ゴミ

□…松山あたりで、昔からゴミ?・食べていた。「リンゴを皮ゴミ食べる」などと言う。皮ごと食べるというのはヨソ者だった。伊予には皮ゴメ、皮ゴシ、皮ゴッテなどとも言う地域もあった。

□…いまは母親が子供にリンゴをむいでやって、皮はゴミとして捨てる。昔は、皮も一緒に食べるほうがいいと教えた。だから皮ゴミと言っていたわけではなかったが、「皮ゴミ食べる」とか言って、結果的にもゴミにならなかったのだから、自然の道理にかなっていた。

□…このごろ、無農薬とかで、皮への認識も少し変わった。皮ゴミ――も復活させよう。昨今の皮のように、ゴミとして捨て去る言葉ではなかった。

コラエジョー

□…いたずらして、相手が本気で怒りだすと、「コラエ、コラエ。コラエ言いよろがや」「コラエじゃの言うても、コラエん」「コラエて、くれや、のう」と、まあ、堪(こら)え言葉が、子供の世界でいっぱい飛び交っていた。

□…こらえきれない、つらい思いは社会にいっぱいあっても、「コラエジョーのある子じゃなあ」とか「コラエジョーのない男じゃ、つまらん」「夫婦もコラエジョーよ」と、世間さまは辛抱や忍耐、我慢を、値打ちある美徳だと説いた。

□…コラエジョーは地方語ではあるが、身元はれっきとした「堪情」で、情けが付いている。耐えるという情念の世界。単純に耐えるだけの意味ではなくて、心の奥深い、ふところ深さを求めていた言葉だ。

コンコ

□…方言は泥臭いと誤解されがちだ。コンコも値打ちを落とし、遠慮がちに、おコンコと小声で言ったりする。口の中でかみ砕く行為すら、音出しをはばかるような礼節が美徳とされる。香香、つまり漬物を言ったのだが、コウコと元の漢字が不確かになり、やがてコンコに至って言葉自身が卑俗になった。

□…代表的な漬物であった大根漬けが、専門筋に作業を専ら頼るのをやめ、広く自家製に及んだものだから、安物で貧相な漬物を量産することとなった。コンコの質的低下が、言葉としてのコンコの意味まで低下させた。

□…コンコの名誉回復には、ブランド化が効き目があろう。地場産品「高級コンコ」を売り出せば、この言葉は自己主張を始め、急速にイメージアップするに違いない。

コンナ

□…特定の人物を念頭に置きながら、「コンナは、なあ……」などと使う。古語のココナがコンナに変化したのだろう。あいつとか、こいつ、といったニュアンスで、主に男性が使う。

□…「コンナはなあ、偉いやつじゃカイ」と、ひそかに高評価を与える場合にも使うが、頻度としては、目上が、あるいは同輩でも、対象者を見下そうとする側が「コンナ言うたらなあ」と、こき下ろしに用いがちだ。

□…伊予では、このコンナに独特のニュアンスが込められている。狭い地域社会ならではの通用言葉で、コンナを聞かされる側も、ちゃんとコンナを知っている。「昔から私は知っているし、あんたも知っているでしょう」の前提があって、評価し合う。知っているという過信も起きがちだ。

〜サイ

□…同じ「〜サイ」でも、関東風な「しなサイ」は、愛媛の南のほうなら「しサイ」。同じ命令言葉でも、「しサイ」には、軽い敬意がこもって奥ゆかしい。愛媛でも中心部は、命令語ではなしに、この「〜サイ」を使ってきた。

□…「さよさよ、そうでサイ」「ありまサイ」と、要するに「す」を使わないで「サイ」。これも相手に対する軽い敬意や丁寧さがこもっていた。

□…怒鳴りつけられても「怒っとりまサイ」、盗まれかけても「取りよりまサイ」、逃げられても「あっちへ行きよりまサイ」、愚か者呼ばわりされても、「そう言いよりまサイ」とくれば、それはもう、伊予人のおっとりした人情の世界。残念ながら、ほぼ死語に近くなった。

サイキョ

□…「サイキョをやいてくれる」と言えば結構な話で、「いらんサイキョをやかれん」と言えば嫌がられている話。サイキョとは、裁許から来た言葉だろうか。大抵は、干渉とか指図、お節介といったよくないニュアンスの言葉だ。

□…お節介やきがいたからこそ、社会が成り立っていた状況があった。娘を嫁にやりたい親が居て、娘がその気にならない。そこで仲人さんの登場。親が「サイキョをやいてくれる人が居らんと成り立つまいがね」と言えば、娘は「いらんサイキョをやかれてからに」と、仲人役を悪者にしたりした。

□…サイキョやきが少なくなって、サイキョの言葉も使われなくなった。嫌われるサイキョやきも出番が減ってしまった。

サガス

□…サガスは、見えなくなったものを捜すや、欲しいものを探す、ことではない。そこらあたりに雑然とまき散らしているような状態の際に使う。

□…食べる行為の不作法さに、「ありゃりゃあ、食いサガシてからに」と言っていた。卓上や床や大地にまで食物が飛び散っていても、本人は気に留めない。今日の飽食時代のほうが、せい惨な状況だが、いまは食い散らすと上品に言う。

□…かつて、新聞記者は原稿用紙をめくり、書きサガス行為に、きたなくも誇りを持ったりした。取材メモや資料も置きサガシて、何となくその雰囲気に落ち着けた。サガスは、やがて、求めるモノをどこに置いたやら困り果ててしまい、結局は命がけで「捜す」こととなっていた。

サクナイ

□…農村地域には、屋敷内に決まって一本程度は柿の木が植わっていた。初秋には、青い甘柿の食べごろが待たれ、晩秋にはけ赤く熟した渋柿が青空にいっぱいぶら下がっていた。

□…子供が、食えそうな柿を目指してよじ登って、枝ごと落下する光景がよくあった。「柿の枝はサクナイんぞね」と、よくしかる親がいた。サクナイは、もろいとか、要するに木が折れやすい状態を指して、しばしば使った。

□…時には、親しかった人が突然に病死してしまって、「人間の命ちゅうもんは、サクナイなあ」と慨嘆する大人を、子供がそれとなく聞いたりした。サクナイは、命にかかわることだと、何となく理解した子供は、それから用心深く柿の木に登ったのだ。

サッチニ

□…「あんな事までサッチニ言わんでも、よかろうがな」「それがなあ、サッチニ言うてしまうような、お人じゃろがな」「何でもサッチニ言い張らんと、気が済まんのじゃケン」と、サッチニが伊予でよく飛び交う。東のほうに向かうとシャッチニとも言う。

□…サッチニの使い方や語調やトーンは、伊予人でないと理解しがたいが、要するに、わざわざとか、無理にとか、強いてとか、の意味で、大抵は否定的に用いる。

□…強烈な個性を押し出すと、決まってサッチニが覆いかぶさり、これに皆で何となく同調し合う。目立たず、騒がず、万事がほどほどを重んじる土地柄ならではの、便利な言葉だが、サッチニを肯定的にとらえねばならない時代が来た。

サブイ

□…「サブー」「サブイ、サブイ」。温暖な伊予路だからこそ、石鎚おろしの寒風は身にしみる。伊予人は、椿(つばき)まつりの季節になると、たまらない。冷水で顔を洗うのも、サ〝ブ〟イと濁音で言わないと、たまらない。やっと暖かいこたつに入ったら、次はネ〝ブ〟タイと文句を言う。ツ〝ベ〟タイ。

□…サブナルという言い方もして、同様にツベタナル、ネブタナルとなる。いずれも寒（く）なる、冷た（く）なる、眠た（く）なる、と〝く〟を抜いて言うのだ。痛（く）なった、苦し（く）なった、とも言わないと、苦痛には耐えられない。

□…くを付けると何か関東ふうで上品めくが、わざわざ〝苦〟を身に付ける必要もない。こちら、苦抜きで極楽浄土としゃれたい。

サラ

□…新年とは、年改まって新しくなること。新しいとは気持ちのいいものだ。「サラ湯に一番に入って一年の汚れを落とし、サラ服を着て年始に行こう。帰りにサラ本買うて、サラ道具もそろえたし。さあ仕事に励むか」「サラ家も建てたし、タタミも家具調度もサラになったんじゃけん」「ほじゃけん、カカもサラになったらなあ」とは、いかない。

□…サラとは、接頭語のサとアラタのアラがくっついたとの説がある。伊予に限らず、西日本一円で使ってきた。新しいの修飾語、またはそのものを指す。

□…生まれてきた人間の肉体は、永遠にサラにはなれない。サラとは、人間の永遠の願望だ。しかし、気の持ちようだけは、だれでも、サラになれる。

シーロク

□…「えっ？ ４・６？」「いえいえ、シーロクよ。奥ゆかしいから、そろそろシーロクのよ」「昔は人生わずか50年じゃったから46あたりでシーロクじゃったんかなあ」「いまは60でシーロクのよ」「これからはシーロクは逆に64あたりかなあ」。何やら算数か数学の世界のようだ。

□…ちゃんと聞いていると、「退く」が変化したのだと分かる。略して「シロク」だの、濁音含みで「シジロク」だのとも言う。しりぞくと、ちゃんと口で表現するのは、退く行為そのものと同様に、滑らかには行かなかったようだ。

□…「あとシーロキ」という言い方もする。「後退き」のこと。方向感覚や進行機能が弱ってくると、あとシーロキにも、苦労、難渋してくる。

～シナ

□…「行きシナに渡して、戻りシナにもろて」というのが、いま時も通用するだろうか。シナあたりならともかく、「イニシに」は、もう分かりにくくなった。～シナや～シは、その途中とか、その間にの意味で、「イニシに」は、イヌルの帰るに、シが付いて、「帰る途中に」だ。
□…ついでを頼るのは今も昔も同じで、出掛けるのに「行きシに、手紙を出しといてヤ」と言ったり、帰ってくる予定の人間に、「帰りシナ、肉を買ってきてぇ」と、やっていた。途中でネなどと言うより、随分と使いやすかった。
□…同じシナやシでも、「これシナ（など）は安いよ」「食べられシ（できる限度まで）お食べ」などは、伊予弁でも、意味が全く異なっている。

シモタ

□…人間は賢いようで、いつも失敗ばかりする。その失敗を、いつまでも心の中にしまい込んで、深刻に悩み続けるむきもあれば、自分のこっけいさや至らなさを、大声出して周囲に伝え、自分で笑い飛ばせる得な人もいる。
□…しくじって残念な結果になっても、「シモタ」や「シモータ」と大声を出せば、かなり楽になる。伊予で「シモータ、カイ」と声出すのは、本人が心底、後悔しているかどうか怪しい。
□…「しまった」の言い方は関東に向かい、みやびやかな「しもうた」は西に向かって「シモタ」になった。瀬戸内海沿岸でよく使われているところをみると海に生きた人がよく用いたのだろうか。

シャグ

□…幼いころの、暑い夏の記憶の中に、昆虫がペシャンコになって、干からびて横たわっていた風景を思い起こす人も多いだろう。土と接する機会の多かった時代、虫など小動物がいっぱいいた時代、そうした姿を見掛けるのは珍しくなく、半分は面白がり、半分はかわいそうに思えた。

□…こうした時、押しつぶす行為を「シャグ」と言い、それを客観的に見て「シャゲル」「シャゲトル」などと言った。

□…やがて、車が頻繁に通行し始め、人間も気を抜いているとペシャンコになりかねなくなって、「シャガレル」と、受け身で表現するようになった。もう面白がってはいられない。「車にシャガレルゾネ」は交通安全運動幕開け期の親の決まり文句だった。

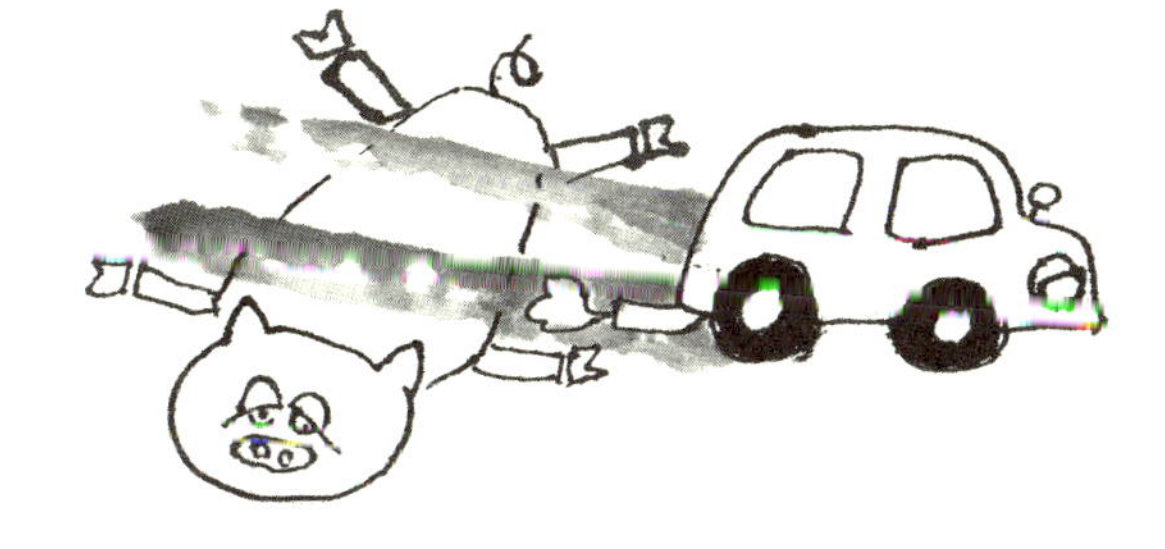

シャシャリデル

□…シャシャリデルは、歌舞伎せりふに出てくる。関西一円で通用し、やや共通語的ではある。積極的に出ていくという意味より、出しゃばるといった、あまり良くないニュアンスを込めて使われる。

□…「あの人は、会合でシャシャリデルのが好きなんよ」「あそこは、ご主人より、奥さんがシャシャリデル」と、まあ好き勝手に人を批評する際に用いる。「引っ込んどきゃ、いいのに」と暗に言っている。

□…封建制下の、だれでもむやみと出しゃばられては困ると考えた為政者が、こうした使い方を積極的に奨励したのだろう。今日の会合でも、「ご意見はありませんか」と言ったって、静かに黙っておくのが美徳と考える悲しい習性を、多くの人が身に付けたまま？

ジャラジャラ

□…大量の貨幣をもてあそんで、その響きの良さに酔っているわけではない。キンキラキンの飾り付きの衣装を自慢しているわけでもない。金の亡者でも悪趣味な人間でも決してないのだが、「あんた、ジャラジャラ言われん」と切り返してくる言葉がある。

□…ジャラジャラとは、戯れ、冗談、じゃれるを重ねて強調した表現だ。「ふざけたこと言いなさんな。こちらは本気だよ」という意味。冗談が冗談で通用する場合は、漫才のようで楽しいが、冗談では決してないと、場が白けて、後は深刻な事態へ急変する。

□…昨今はジャラジャラした表現が大流行。どれが真実で、どれがジャラやら分からない。ジャラジャラと畳み掛けても、効き目はめっぽうなくなった。

ジュルタンボ

□…昔から道路に雨が降れば当然、ぬかるんだ。その不快な状態をジュルイという。全国あちこちでそう言う。よほどの古語なのだろう。それを用いて、松山あたりでは、ジュルイ場所をジュルタンボと言ってきた。湿田のことではない。

□…幼いころ、周りの景色に見とれて歩いていて、ぬかるみに足を突っ込み、履物も素足も泥だらけにした。「ソレ、ミトーミ、アンクが気ーツケンケン、ジュルタンボにハマッテ、シモトロガナ」。そんな言葉が飛んできたものだ。

□…松山も、都心部から郊外へと細道まで道路舗装が進んで、道がぬかるんで困ることはめっきり減った。ジュルタンボがなくなるか、ジュルタンボという言葉が忘れられるか　どちらが早いか。

ショイノミ

□…ショイノミがあれば、飯が弾んだ時代があった。煮干しなど小魚の干物もあれば、ショイノミの味がこれをさらに引き立てた。主役にもなって、わき役も務めた庶民の味のだいご味。

□…ショイノミとは、醤油の諸味（醪）の意味。醤油を絞る前、大豆や小麦を原料にした麹に塩水を混ぜ熟成させた状態そのものを、おかずにした。

□…諸味や醤が共通語だろうが、伊予や四国一円はショイノミで通った。昨今、諸味とキュウリの合体物・もろきゅうが人気。伊予ならではの売りは「ショイノミきゅう」でどうだろう。地方語がブランド力を持ってきたりしている。徳島には、ショイノミ名の商品もちゃんとあるようだ。

ジョン

□…伊予の、汗にまみれていた男たちは、かわいい女の子を、親愛と優しさを込めて、ジョンと呼んでいた。「お嬢さん」とか「嬢ちゃん」くらいの情感を込めた言葉だった。「ジョン、バッポ、お食べ」と、食糧不足の時代に、おいしい食べ物を差し出された、かつての！少女たちもご存命だろう。

□…いま、「お宅のジョンはきれいで、よそのジョンは足元にも及ばん」などと言おうものなら、「いくらペットブームだからと言ったって、犬のようにジョン、ジョンと気安く呼ばないで」と怒られそうだ。

□…伊予の男たちも、生意気な女の子には、ちゃんと別言葉を用意していた。軽薄なら「ジョンコ」、さらには「ジョンコウ」と乱暴にランクを下げていた。

シワイ

□…人間には、さっさとあきらめの早い、すっきりタイプと、粘り強い、ねちっこタイプがある。シワイは後者を指していう。それも、相当のウルトラねちっこ型だ。

□…柳に枝折れなし、などと風流な例えがあるが、このシワイは、柳の枝どころではない。重しを引っ掛けて、無理に折ってやろうとしても、折れそうなふりをし、絶対に折れない。だから、好まれたり、嫌われたりする。

□…「あいつは、シワイよ」と言えば、時によって、根気のある、の褒め言葉になったり、逆に、見くびっては、こちらが大変な目に遭うよ、の警告であったりする。シワイのが強者になるはずだが、人間社会、そうならないところにも妙味がある。

シンドクロシイ

□…シンドイ（疲れる）は西日本一円で通用し、全国にも理解されやすい。シンドクロシイとなると、ちょっと微妙なニュアンスが込められていて、使いようのアヤは、他地方の人には通じにくい。

□…現在進行形の、いま起きているシンドクロシイは、シンドイの程度が非常に高い状態を言う。これに対して、疲れる前に言うシンドクロシイは、疲れることを拒否している。しかし、その拒否の程度はなかなか読みがたい。

□…汗をかいて働くことが嫌われる現代は、大変疲れたというシンドクロシイは死語となった。「ばからしいテテ。シンドクロシイ」は盛んに使われている。実際に、シンド苦しいのか、やってみないと分からないはずなのに。

ズク

□…松山郊外の屋敷内には大抵、柿の木が育っていた。渋柿が熟れると、それをズクと呼んで、好んで食べた。「熟し柿」が「ズクシ」になって、さらに「ズク」に変化していった。

□…ズクをズク状態になってから、もぎ取り、いかに、すぐに口に入れるか。取れだちこそ、うまいと知っていた人たちは、単純に木に登っては枝折れで落下し、「柿の木はもろいんゾネ」と小言を言われて痛い思いもした。下から手製道具でもぎ取ろうとして、ベチャッと下に落としてしまい、悔しい思いもした。

□…ズクが熟し柿へと、言葉だけが先祖返りしてしまった現在は、じっと木を眺めながら、辛抱強く実の熟れるのを待つ余裕も失った。そのうまさも忘れた。

スクズ

□…瀬戸内の各地で、本来の樹林が切り倒され、消費され尽くした後に、替わって松林が豊かに育っていた。地面に降り注ぐ松葉を、人々は放っておかなかった。松の落ち葉のことをスクズと言い、それをかき集める行為や作業者をスクズカキと称した。

□…戦後しばらく、燃料不足の時代が続いて、スクズは、フロや炊事の便利な火付けに、大量にあると燃料そのものとして、ありがたがられた。

□…石油文明の到来と高度経済成長とともに、人海戦術的スクズカキは姿を消し、と同時に、なぜか豊富だった松林のマツタケ山もその再生能力を失っていった。スクズの言葉は、西瀬戸の特定地域で通用し、その外側ではコクバ、コキバと言ったりした。

スナ

□…「スナ」や「スナヤ」が伊予では盛んに飛び交う。砂を投げ合ったり、砂屋を経営すればもうかるという話ではない。「しないでくれ」という行動阻止語、命令あるいは哀願語だ。「スナ」で済まされない時に、しばしば「スナヤ」になる。

□…祭りが危険になり過ぎて、集団ブレーキを掛けたい時、大勢で「スナ、スナ」と叫んだりする。父親から子への強い語調なら「重大事態」、中くらいなら「まあ、やめとけ」、笑いながらでは「しても悪くはないぞ」のサインだ。

□…親不孝者は、父親から「スナ」をたびたび言われ、母親からは「シラレン」を聞かされた。スナもシラレンも、孝行をしたい時には親はなし——の身になると、ほろ苦い残響となる。

ズム

□…「ズンどれ、ズンどれ」とか「牛がズンどるがな」と言っても、何を伝えられているのか、肝心の牛も居なくなっているし、ちんぷんかんぷん分からない人も多くなった。

□…運動会での障害物競走。なかでも網の下をくぐるというのが、簡単そうで難儀だった。熱心な親など「あのにゃ、立ち上がっちゃいかん。ズンどれ。ズンで、ほうて（はって）、もぐって前へじゃ」と、わが身の幼少時の失敗を棚上げし、わが子をしった激励していた。

□…ズムは、うつむけに寝た体勢をいったり、腹ばう様子、はう状態を表現していた。富国強兵、軍事国家だったころは、障害物競走よろしく、敵弾に当たらないよう、ズンで、はい進むことが奨励されていた。

スヤ

□…「雑煮はスヤに限らい」「うちはアンコ入りも使うんよ」「スヤは水に漬けときゃ、長持ちすらい」「子供はアンコよね」というスヤ。文意の通り、アンコの入っていないモチ。

□…スヤに限らず、伊予のモチ文化も、かつては多種多彩であった。モチ米に米を混ぜたオフク。塩あんを用いたシオモチ。出来立てにしょうゆを付けて黄な粉をまぶす食べ方。カキモチにアラレ、ヒシモチ。材料を加えたり取り換えて、ヨモギモチにアワモチ、キビモチ。

□…近ごろの歳末恒例モチつきペッタンも、その程度で昔を取り戻せたと安心しないで、モチの数々、フルコースも作ってみては。照葉樹林帯の東アジアに広がる各国のモチ文化。多層に知れば知るほど面白い。

スワブル

□…スアブルとかスバブルなどとも言う。あめ玉でも何でもいい。サトウキビなんていうモノもあった。しゃぶると言えば、分かりやすい。なめ回し、かつ吸う意味で使ってきた。

□…きたないじゃないか、と言ってはいけない。赤ちゃんなら、生存にかかわる行為だし、人間の味覚がもっと新鮮に働いていた時代には、だれでもがその良さや喜びを知っていた。

□…スワブルは、なぜか主に西瀬戸から九州地域で使われてきた。そこで連想されるのは、それら地域独特の魚食文化。瀬戸の小魚に代表される、魚の身と骨の間にある特有の味わいの世界。骨までもスワブルうまさを堪能していた人たちが、好んで使ってきた言葉ではなかったかと、ついつい考えてしまう。

セコ

□…「あそこのセコを入ったら、また左にセコがアライ。ホシテカラ、右の三軒目がウチトコヨ」「今日は、アシトコノ、セコで遊ぼ、コイ」などと、よく言ったものだ。セコには、懐かしい響きがあった。

□…セコとは、狭い所の意味。町中の小道や横丁をそう呼んだ。そんな、いまでこそ狭苦しいと思える生活空間が、どんな町にもあった。夫婦げんかも、親子争いも当然のこと、互いにまる聞こえで、だれかが、「マアマア」と仲裁に出て行かざるを得なかった。

□…セコはまた、危険のない、時には風雨も及ばない子供の遊び場だった。狭いセコにも単車が入って来て危険にはなるし、家を建てるなら四メートル道路にしろとなって、セコの文化は衰退してしまった。

セセカマシイ

□…神経質さと大ざっぱさを兼ねそなえたのが、伊予気質。ただ、両サイドへ偏った同士が一緒になった夫婦など、「あんたは、どうのこうの」と相手をやっつけないと気が済まない。

□…神経質派が、大ざっぱ派をやっつける言葉と、その逆の言葉があって、セセカマシイなどは、大ざっぱ派が好んで使う。「細々し過ぎていらいらする」とか、「窮屈で、うるさい」の意味で、相手にこれをぶつけることで気が晴れる。だから、これをよく使う人は、決まって大ざっぱ派。

□…大ざっぱ派は、魚を食べる時に小骨にまでいらいらして「セセカマシイ」などと言う。言葉遣いまで面倒くさくなって、ついつい、セセクロシイ、セセコマシイ、セツコシイ、セツカマシイとあれこれ言う。

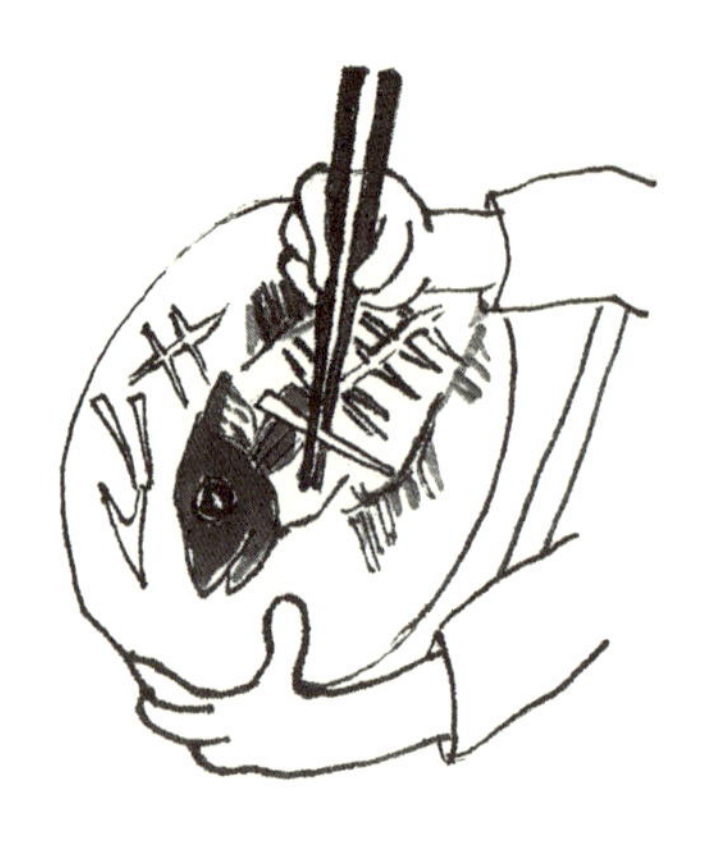

セル

□…ひと昔前の正月の映画館は大抵、込み合っていて、「セリコワリコするとこに行かんでも」と言われながら、立ち見で楽しむ人も多かった。松山の椿（つばき）さんの祭りが近づくと、「あそこはセットルけん、スリに気いつけてお行きよ」とよく言われた。

□…セルは、混雑している、という意味のほかに、押し合いへし合いすることにも使う。秋祭りで、「みこしのセリアイが、これまた面白いんじゃけん」とか言っていた。セルとは「競る」とか「迫る」とかがあるが、多分「迫る」からきたのだろう。

□…地方ではセル現象が減ってしまった。イベントで人集めをと主張し合っているが、なかなかセッテくれない。楽しみの分散化というやつのせいだろう。

～セン

□…「アシャアセン」と言っても、外国語のように思えて、全く理解できない人たちも増えた。アシャアは「私は」、センは「しない」、つまり「私は、しないよ」が正解だ。

□…～センは、古語の「せぬ」から来ている。「ぬ」では重すぎて、「ん」だと軽みが出る。「せむ」ではない。こちらだと、どうしようかと迷ってしまう。ともかく、ちゃんと伝統ある律義な言い方だったが、長い歳月の後に、田舎言葉の世界に押し込まれてしまったのは残念なことだ。

□…デートに誘われても「行かセン」と言ってみたり、口づけを求められても、「いやセン」などと、いったんは丁重にお断りしてみる乙女の言葉も、結構、未来永ごう、残していいではないか。

ゾウヨヲカケル

□…娘を嫁に出す親が、近所の人との会話で「ゾウヨガカカッテ、イカンカイ」などと、嫁入り道具購入に金が掛かるのを嘆いてみせたりする。この場合、ゾウヨの語感には、うれしさと寂しさが交錯している。ゾウヨとは、雑用のことで、諸経費とでも訳せよう。人によってゾーヨと言ったり、ゾーヨーと言う。

□…親は、やがて娘の嫁ぎ先に客として出掛ける。たっぷりと手料理をごちそうになり、帰り際に実の娘に「ゾウヨヲカケサシテ、スマンカッタニヤ」と感謝の声を掛ける。この場合のゾウヨは、もてなしとか手数を掛ける、という意味だ。

□…ゾウヨには、物や心を用いて人を喜ばせたい、伊予の温かさがこもる。金が掛かっても、金にかえられない思いがある。

ゾナ

□…「伊予弁ぞな」の「ゾ」と「ナ」は伊予でもっと大切にしたい言葉だ。俳句どころだから、切れ字的にと言うのではない。ゾとナのデリケートな用い方が、精神的に豊かな風土を育ててきた。

□…例えば、父親は子に「いかんゾ」と言う。母親はそれに「いかんゾナ」と添えるのだ。ゾでとどめるか、それにナを添えるか。互いの役割分担を測りながら、二つの音の重ねを試みていく。

□…ゾが男性役割で、ナが女性役割などと単純でもない。男女の役割交代もする。時に応じたその組み合わせ変更と、強弱の微妙な使い分けに、子は厳しさと優しさの程度を測っていく。このゾとナの微妙だが柔軟な用法を放棄したところに、現代の悲哀が起きている気がする。

ソクル

□…人間は、行動を起こしては、あれもこれも失敗する動物だ。と理解できれば楽だが、失敗のたびに、めったにないことだと思い悩んで、それを重大視し、落ち込むようだと、大変だ。

□…「ソクッタ」「ソクッテしもた、かい」というソクル。仕損なう、失敗するの意味。共通語でとらえると、何となく分かったような気になるが、「失敗する」と「ソクル」は本質的には意味が異なる。

□…失敗するは、機械的で合理的、かつ無味乾燥な表現だ。これに対して、ソクルには、自虐と笑いが混在する。失敗しながら、自らを笑い飛ばし、それをテコに、明日のエネルギーにつなげていこうとする知恵が潜在する。人間はソクッテこそ人間なのだ。

ソローミ

□…からっ風の関東なら「それ見ろ」あるいは「それ見たことか」が、京や浪速になると「それ見なはれ」と柔らかくなる。伊予に来れば、さらにこなされて「ソローミ」となる。

□…なぜ「~ローミ」になったのかとせん索すると、「それお見」と、もともと接頭語「お」があったのが、後の時代に隠れてしまったのではないか。そうだとすると、やはり伊予弁、すなわち伊予人の温かさ、優しさが分かる。「ソローミ」の柔らかな言葉は、母親から子供に投げ掛けられた。「それ見なさい。私の言った通りでしょう」と、悪い結果に基づいて、親の言うことの大切さ、反省を求める際に用いた。

□…「ソローミ」を受け入れず大人になってみると、反省しきりなのだ。

タゴル

□…風邪が流行すると、大勢の人が咳(せき)に悩まされる。咳をするのをタゴルと言った。昔は、慢性気管支炎のように年中悩まされていた人が多かった。電気掃除機があったわけでなく、ほこりの中で重労働をしていたせいだろう。

□…このタゴルは、西日本、特に瀬戸内沿岸でよく用いた。どこからやってきた言葉か、分からない。ひょっとすると、原始古代に、この地域で用いられた化石言語かもしれない。などと考えると、地域弁も面白くなる。

□…タゴリ神様という土俗信仰を聞いたことがある。咳を止めてほしい人の頼みの綱だったのだろうか。九州の宗像(むなかた)神社の祭神は、田心(たごり)姫命だそうだが、関係ないのだろうか。

タスイ

□…「いま時の若いモンはなっとらん」と顔をしかめているオヤジさんやジイさん自身も、若いころは「タスイのう」と先輩たちにしかられていた。タスイと言われ続けたせいか、タスイをもう継承せずに、死語にしようとしている。

□…タスイは、着物時代に帯を緩く締めたような状態を言った。しゃきっとしていない、つまり緩くて少し間の抜けている感じだ。見るからに気力がないようで、怠惰に映り、「おまえは愚鈍な（あるいは鈍感な）」というような意味でタスイを用いた。

□…タスイに効き目がなければ、「タスラコイ」「ダスコイ」と強調され、それでも、のんびりと構えていた若者もいた。ぬるま湯文化の伊予では、タスイことが心地よくもあった。

タマガス

□…驚かせるという意味のタマガス。かつては自然界の草木を用いたタマガスための装置や仕組みが、いっぱい考案され、それなりの努力の成果があった。

□…野道を歩いていて、よく転ばされた。雑草をそっと縛っておいて、足を引っ掛けさせていたのだ。肝試しと称して、夜道のひと巡りをさせ、レンコン畑の葉っぱがお面になったり、スイカがちょうちんお化けになったりした。

□…タマガスとは、たまげさせるの転化で、たまげるとは、魂消るというれっきとした言葉。たましいが消えてしまいそうだったという、実感のこもったこの驚きが、しばしば精神をよみがえらせた。現代は、驚くことまでが営利システム化されて、慢性的不感症になりかけている。

ダラシイ

□…体が疲労して、気力がわかないような状態を言う「ダラシイていかん」や「ダラシイわい」は、人々の多くが肉体労働従事者だった昔は、日常茶飯事に使われた。物を持たされ続けて「手エがダラシイ」や、立たされ続けて「足がア、ダラシイ」も、よく使った。

□…ダラシイは皆の共通感覚の中にあった。互いの嘆きが分かりあえた。ダラシイを解消するために、酒盛りや祭りが元気回復になるとも分かりあえた。

□…肉体労働者と知識労働者、多忙者と有閑者に分かれていってからは、このダラシイは、不幸にも人間互いの共通感覚でとらえられなくなった。ダラシイと訴えた時には発症していたりする不幸が起きている。ダラシイ言葉の消滅は、危険の始まりのようだ。

ダラボリ

□…ザザ降りがザザボリになり、ダダボリからダラボリになったのだろうか。本来は、激しい雨降りのことで、これを雨漏りの激しい意味にも使ってきた。

□…庶民の家では、雨漏りなど別に珍しくなかった時代があった。後世に指定される文化財のように、厚めのかやぶき屋根や本瓦の豪邸にだれでも住んでいたわけではない。かつては、手づくりの粗末な屋根で我慢していたほうが多かったことだろう。

□…一気に質素な生活を余儀なくされたのが、終戦直後で、空襲被災者や外地からの引き揚げ者など、このダラボリを経験している。校舎までがこうした状態で、先生が、子供をわきに寄せて、バケツを持って来させ、雨受けして授業を続けていたりした。

ダンダン

□…ボランティアだとか横文字を使わなかった時代でも、無償で人に情けを掛けられる人はいっぱい居たし、それに、だれでも素直に「ダンダン」を連発していた。フロをもらっても、粗食でも「ダンダン」。ありがとうの意味のダンダンは、伊予にあふれていた。

□…伊予に限らず、出雲、熊本などでも使われたダンダンのルーツは、実は京都の色里だったらしい。ダンダンは、本来は重ね重ねで、「ダンダンありがとう」が、後半を省略させたようだ。だから、ダンダンは各地で最初、粋(いき)に使い始めたのだろう。

□…ダンダンの言葉は、明治人間の死とともに、消滅していった。素直な奉仕の精神、それに対する率直な感謝の気持ちも一緒に消滅したのなら、悲しい。

チボ

□…スリの呼び名も時代とともに変わる。巾着切(きんちゃく)りも古い表現になってしまったが、それよりまだ古い言い方に、チボがある。もとは「掏摸」と書いた。歌舞伎のせりふにもあり、上方でポピュラーに使われたらしい。伊予でも明治生まれの人たちが長く用いた。

□…椿(つばき)まつりは昔からチボさんらの絶好の稼ぎ時だった。さらに、かつての大阪~別府航路の関西汽船、旧国鉄の乗り降り、郊外バスの車中など、決まりきった場所があって、「チボに気を付けましょう」と注意を促されていたが、純真な人は、彼らの同じ手口の名人芸?にまんまとやられていた。

□…スリもいまや国際化している。チボ、巾着切り、スリの次は、どんな呼び名になるのだろうか。

チビル

□…チビルなどと言ったって、小便の出がどうのこうのじゃない。減るか、減らないか、けちるか、けちらないか、チビルを盛んに飛び交わせあって、言い争いを始めると、話はややこしくなる。

□…「オマインとここに来い言うたてて、何くれる？　歩いて行きゃぁ、げたがチビル」「そななこと、言うなや。おまえもチビットルのお」「げたを靴に換えても、チビルのはチビル」「履物いっぱい持っとって、チビルなよ」。

□…一方が言っているのは、擦り減るとか摩滅するとかの意味。もう一方の言っているのは、こちらは前者ほど多くは使わないのだが、けちけちするの意味だ。げたを履く機会が減ったためか、チビル言葉も、めっきり減った。

～チュワイ

□…「あいつは女じゃと思うとったら、実は男じゃチュワイ」。チュワイとは「だということだ」とか「だそうだ」とかの意味で、要するに真偽のほどは怪しくても、自由奔放に使え、それが妙に本当らしく感じさせる変な力がある。

□…人事異動の季節など「Aさんは動くんじゃチュワイ」と例によって伊予にチュワイが飛び交う。チュワイを付けておけば、後で間違っていると分かっても、聞いたことだったからと、責任逃れができる。

□…随分といい加減なことが許される言葉だが、使いようによっては前向きにもなる。「昔々、おじいさんとおばあさんがおったんじゃチュワイ」のチュワイ話は、伊予に育つ子らの想像と創造力とを、大いにかきたててくれたのだ。

～チュンジャ

□…チュンジャとも言うが、もう少しチュウンジャと威厳を込めたりする。例えば「そななこと、するな、チュウンジャ」などと使う。「～と言っているのだよ」くらいの意味だ。「ぶるな、チュウンジャ」は、松田聖子ぶるような格好はしなさんな、と言った使い方をした。

□…チュウ、チュウと、伊予の人間はネズミか、あるいはキスが好きなのか、盛んにチュウを使う。「何チュウタラ、エエカ」「何チュウテモ、好きナンハ」と、興に乗れば、口角あわを飛ばし始める。

□…「何チュウテモ」がやや下品に聞こえるむきには、「何イウテモ」と言い換えてくる。女性はチュウは嫌いらしく、だから、チュウは伊予の男言葉だ。

チョウサ

□…祭りの掛け声は、松山あたりでは全国標準的なワッショイが最も多く使われている一方、独特のモーテーコイという、相手を挑発する言い方が生きている。モーテーコイのほうが地域個性があるのだが、近年はワッショイに攻め取られた感もある。

□…みこしを皆で一緒に、肩より高く差し上げる際には、チョウサじゃ、の掛け声がよく使われた。関西地域で広く使われるチョウサは、山車を横に引く際の掛け声なのだが、伊予では高く持ち上げるのに使うのが面白い。

□…このチョウサも、語源が何なのか分からなくなってきたし、男どもの腕っぷしも危うくなって「チョウサ、ジャノ、イウテモ、無理ジャワイ」と、この言葉も消えそうな気配。

チョビット

□…未来技術を先取りしていたような伊予弁の例。チョは、少しの意味。ビットは情報量の最小単位だ――と、さも知ったかぶりの解説は真っ赤なウソで、しかし、その語調通りに、ほんのちょっと、の意味で昔から使ってきた。

□…人さし指と親指を接近させながら、これを相手に示して、「チョビットくらい、飲ませてくれてもよかろーがや」だの、「金はちゃんと返すケン、チョビット待ってや」だのと、重宝に用いてきた。

□…チョビットで堪忍し合う土地柄ではない。チョビットのことにもこだわるのだ。だから、チョを使いたがる。チョッポシだの、チョッポリだの、チョボットだの、チョンマイだの、チョイチョイだの、チョ言語の豊かな地域だ。

ツイ

□…「ツイじゃあ」と伊予で言っても、「一対だよ」の意味ではない。同じだという使い方をする。さらには「まっツイじゃあ」と感動的に表現してみせる。真っ白などという、あの「まっ」だ。

□…自分の似顔絵を見て「私とまっツイじゃねえ」とうれしがって感心したりする。婚約者と「あんたと家柄もまっツイじゃけん、よかったねえ」と妙に幸福感に満たされたりする。

□…ツイや、まっツイも、テレビや冷蔵庫のある家庭をだれもが目指した、夢のあった時代には、人生目標のようであった。個性が尊ばれる昨今になると、あるいは、どうあがいても横並びがかなわなくなってきた今となっては、ツイであることから、目を背けねばならなくなった。

ヅエル

□…懐かしい運動会の風景。何重にも子供が重なってつくる人間ピラミッド。先生の合図に合わせて見事に立ち上がったまでは良かったが、あっという間に崩れ落ちて、ぺしゃんこに。下に居た人間の痛さと、上に居た人間の一瞬の空中遊泳と心地よいバウンド感。

□…周囲を見渡せば、見事なピラミッドの群れ。「ヅエタがや」「だれがヅヤシタんぞ」「ヅエルと言う間にヅエテしもうたんよ」などと、小声でささやき合いながら、バツの悪さを回避し合う。やがて退場ゲートへ。痛さと格好悪さとほろ苦さの残る、少年期の鮮明な記憶。

□…ヅエルは漢字で書くと「潰」。ついえる、とも読ませるあたりから転じた言葉だろうか。白潰などと地形の分かる地名も残る。

ツカーサイ

□…着物が普段着で似合っていた時代。奥ゆかしい「ツカーサイ」が生きていた。「お客さん、この品物を買うてツカーサイ」「そこにあるものを取ってツカーサイ」「まあ聞いてツカーサイ」と、どこでもツカーサイが通用していた。

□…「してください」の意味のツカーサイは、遣わすから来たのだろう。丁寧このうえない言葉が、洋服時代の到来とともに、古臭くて恥ずべき言葉扱いされて、歴史の中に封じ込まれた。根拠のない自己否定であった。

□…愛媛でも東のほうではツカーやツカイが生き残っている。南のほうではヤンナハイが生きている。物事を請う当たり前の丁寧言葉の消長は、何を意味しているのか。気になる歴史経過だ。

ツメル

□…「ネコが入ってくるケン、ツメトーキ」のツメルは、戸を閉じるの意味。大抵の出入り口が、引き戸だったころ、このツメルが、いかにも生活に合った言葉として使われた。「ツンドルよ」と言えば、「戸を閉じているよ」の確認の返事だった。

□…玄関の引き戸は、いまと違って、どう説明すれば分かってもらえるか? 大きな引き戸があって、その引き戸の中に、また小さな引き戸があった。暑い季節や大物の出し入れには、大きな引き戸を開け、寒い季節や用心を考えた際は、大きな引き戸を閉めて、そこに装置された小さい引き戸で出入りした。

□…へ理屈など言っていると、「ツンメノ、ツメトーキ」と言われていた。引き戸は大層重かった。

ツバエル

□…「教室ではツバエないようにしましょう」が、昔の小学校の決まり文句に入っていた。級長さんの音頭で、努力目標として唱和されたりしたが、まず守られなかった。

□…ツバエルは、ふざけるとか戯れるの意味。ふざけて騒ぎまわるのも、ツバエルだった。ツバエルのが好きで好きでたまらない人物がいて、大きくなるまで、周囲を困らせていた。

□…教育上、よろしくないとされたツバエルだが、実は子供が育っていくうえで、重要な役割を持っていた。遊戯という意味での心身的発達上の役割、そして他者とのかっとうや距離の取りようを身を持って体験していく役割、今とは違った、陰湿ではない、公開の場での明るいいじめ合いも混在していた。

ツロク

□…いつの時代でも、バランス感覚は大事。狭苦しい場所に、豪勢な品はふさわしくないし、日本的な場所に一点だけ外国風があるのも、似合わないと思えてしまう。そこで「ツロクが取れとらん」だの、「ツロクが取れとる」と言う。

□…ツロクとは、釣り合いだとか、調和とかの意味。物品の配置だとか、和洋混在の話なら、好みの問題で納まりがつくのだが、昔は、このツロクで多くの人間が泣いた。

□…結婚話で、子供に相手との身分的違いを説いてあきらめさせようとした親、親族が盛んに用いたセリフ。「この話、あんたにはツロクが取れん。やめとうき」があった。ツロクが取れないはずだったのに、そのうちツロクが取れた夫婦も、もちろんいた。

ツンメノ

□…時がゆったりと流れている時代があった。人々がゆっくりと思考し、のんびりと行動していた中で、やはり、それが絶対に我慢ならないという人たちも当然出てきた。

□…気焦(きあせ)ろし派は「ツンメノやっとうき」をよく使った。「ツンメノやっといたがな」という、のんびり派は、少し速めるくらいをツンメノと解釈していた。ツンメノとは、手早くとか早々にの意味。ツンメノの理解程度で、人々はよく言い争いをしていた。

□…かつては、人間同士の、速度を合わす努力がしばしば見られたが、このごろは、ゆっくりさと性急さをすり合わせる努力を、お互いあきらめかけた。速度差が、あらゆる場面で拡大し、ツンメノくらいでは相互理解できなくなった。

テアシ

□…年の瀬に、かつてはどこの家庭でも、モチつきをした。大抵は力仕事のつき手が夫で、これに妻が臼(うす)のそばにいて、あいま合間に調子良くモチをこねた。子供たちは、この呼吸やタイミングの取り方に、わが両親の夫婦関係がうまくいっているかどうかを、何となく洞察した。

□…この、モチこね作業やその役割人物のことを、伊予ではテアシと言った。手足ではなくて、手合わしが短くなったのだろう。東のほうに行くと、テアワセとも言った。テミズと言ったところもある。

□…職人芸のような、年季の入った夫婦ペアのテアシはめっきり見掛けなくなった。電動モチつきの年一度の夫婦共同作業すら、口げんか。道理でモチも水っぽくなったようだ。

テガウ

□…相手をやっつける方法に、壊滅的で徹底的に痛め付けるやり方と、軽いジャブのようなものを繰り出して、結果的には一歩手前で押しとどまるやり方がある。伊予で言うテガウは、後者のほうで、からかうの意味で使う。

□…簡単にテガウと言っても、その程度が難しい。兄弟げんかでやり過ぎて、親から「弟をそんなにテガワレン」としかられたり、犬と戯れていて、かみつかれ、「あれほどテガワレン言うたのに」とお目玉を食らっていたりした。

□…テガわれる側は、そうされてたくましくなるし、テガウ側も、子供ながらに、手心とはどんな程度かを学びながら育つ。テガい、テガわれる行為は、地域社会の編み出した成長への知恵だった。

デケル

□…「お宅の娘さんは、おデケルそうじゃナー」と言うのを、ふすまの向こうで聞いた慌て者の妹が、自分のことを「勉強が良く出来て、賢い子だ」と褒められていると誤解したとか。実際には、この場合、嫁いでいる姉に「間もなくお子さんが生まれるのは、おめでたいことです」と祝いに来たあいさつだ。

□…日本語の「出来る」は、さまざまな意味に使われているが、伊予では、デケル、デキルというのは、お産をするとか、子供が生まれると言う場合によく用いる。男たちは、わが子の誕生に「デケタ、デケタ」と大喜びしてきた。

□…デケトルやデキトルはこれより以前で、男と女の親密さの始まり。順序としては、デケトルがあって、次のデケルになる。

デコマワシ

□…昔の行商人の中に、人形を持ち歩いて、これを街角で操り、人集めをしていた。デコマワシと呼んで、子供たちは、その人形の巧みな動きに魅せられた。子供は物まねが上手で、早速、まねごとの人形を作って、デコサンゴトに夢中になった。

□…デコとは土偶、木偶の、木偶(でく)がなまったものらしく、土や木で作った人形の意味。れっきとした共通語の土俗化だ。

□…物売りと人形操り。別に不思議な取り合わせではない、と当時は思われていた。どちらが主力かは、子供と大人の見方で違っていただけ。本来の芸能は、生活や商売の中からごく自然に生まれていた。芸術や芸能だと、変に持ち上げられたり、意義付けしていたわけではなかった。

〜テテ

□…マツタケを見つけて「太いテテ、でかいテテ」。それがマツタケではないと知らされて、自分の愚かさを棚に上げ「あほらしいテテ、ばっからしいテテ」。それでも食べられると教えられ、焼いてすぐかぶりつき「熱いテテ、食えんテテ」。

□…程度を表す語は、大抵がその程度を示そうとする語の前に付くが、この〜テテは、非常にとか大層とかの意味で、下支えで強調する。ルーツは、浄瑠璃、歌舞伎の世界で見つかるから、この方言、昔は、時代先取り人間が、粋（いき）に使っていたに違いない。

□…「家柄がええテテ」や「金持ちじゃテテ」なども使う。この場合は、非常にではなくて、「と言っても」とか「であっても」と、価値をひっくり返す。

〜テヤ

□…「店の人が、買うテヤ言いよるんじゃし、買うテヤ」「そんな事、言うなテヤ。お金がいっぱいあるわけじゃなし」「そんなら我慢するけんど、忘れんといテヤ」「この店は済んだテヤ。次へ行こ」。

□…このテヤ。〜してくださいよの意味で使う。アクセントの位置によって、強い口調になったり、哀願になったり、疑問になったりする。言葉がその地域ではぐくまれ、使いこなされた結果、そのイントネーション次第で、心の微妙な綾（あや）が織り出される典型例だ。

□…買え――でも、買って――でも、買うて――でもいいようなものだが、〜テヤには、簡単な表現の中に、単刀直入にではなく、実は強制と哀願、命令と要請のどちらとも受け止めさせるデリカシーが生きている。

テレトル

□…松山の郊外の農家は、かつては、どこでも大なり小なり、スイカを栽培していた。大規模栽培の農家など、スイカ泥棒対策で、簡易の番小屋など建てて、涼みがてら寝泊まりしていた。

□…ほどよく大きくなると、手でたたいてみて、その音で成熟度を判断した。熟していると分かると、伊予やその周辺では、これを「テレル、テレトル」などと、収穫を喜んでいたし、店先などでも「このスイカはテレトルんよ。買わんかな」と、言ってきた。

□…全国共通語でテレルは、はにかむとか、きまりわるがる、の意味。よそ様人間には、伊予のスイカは恥ずかしがり屋なので、たたかれると、中身を真っ赤にして、照れるのだと理解してもらおう。

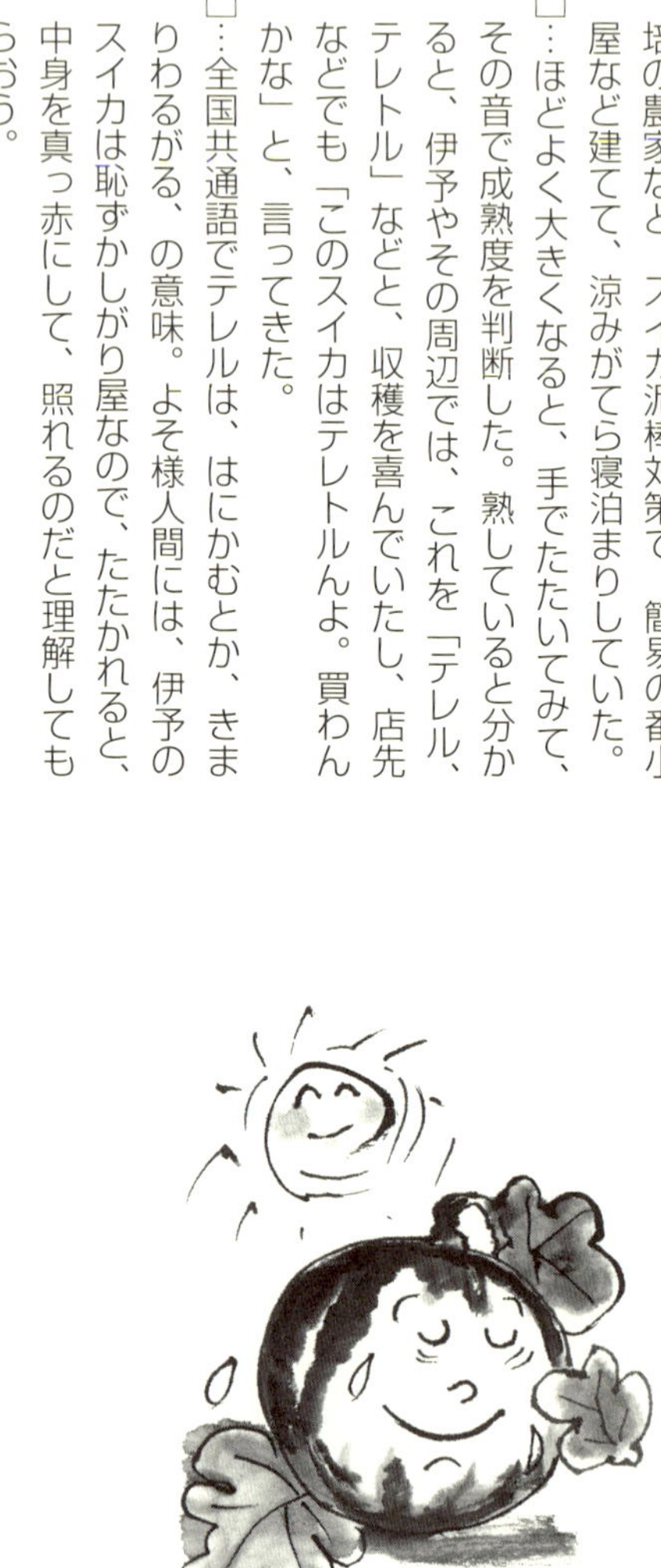

デンチ

□…子供の冬着の必須アイテムだったデンチ。もう姿を消したのかといえば、どこかで、たくましく生き残っている衣料品。親の、わが子に風邪をひかせまいとする優しさが端的に読み取れる。

□…デンチに袖がないのは、子が暑がったら、すぐに自分で脱ぎ捨てられる便利さからだろうか。綿入れのほどよい厚みには親の思いがこもり、柄模様にも、親の美意識や子の好みのほどが読み取れる。

□…デンチとは、古い昔から使われた袖なし衣料。それに胸ひもがあったのかどうか、漠然としてしまっている。胸ひもがあったなら羽織の袖なし、胸ひもがなかったなら半てんの袖なし、と説明がつくのだが、どうも記憶があいまいだ。殿中羽織から転じてデンチと称したとの説もある。

テンプ

□…異端を嫌う土地柄ならではの使われようが、テンプ。「あいつはテンプな人間じゃから」とか「テンプなことお言ナ（言ってはいけない）」「テンプなことを絶対おしナヨ（してはいけない）」とかを日常茶飯事に用いてきた。

□…テンプとは、でたらめ、危険な、大げさな、の意味。「だれが、どう考えても、違うとるとしか思えんじゃないか」と公認し合う言動や行為に、「テンプな」と顔をしかめた。

□…テンプな――には、逆説的な意味でのテンプさ、危険性をはらんできた。独創性や独り立ちや独り歩きに対して、あるいは常識を超えるあたりで頑張ろうとする向きに対して、「テンプなことを」と決め付け、その可能性や期待感を摘み取りがちであった。

トギ

□…「待っとる間、どうしようかと思た。トギが出ケて退屈せん」「船の中でトギになって、それが実はヌスト（盗人）じゃったんよ。金取られた」。トギとは、話し相手、連れ、仲間、友達の意味。あの、御伽噺（おとぎばなし）、御伽草子のトギだ。

□…夜のトギ、つまりヨトギというと、生きる喜びを味わう男女の仲を意味していて、にんまりするむきもあった。それとは正反対に、死者への添い寝、通夜も意味していたから、同じ言葉でも、こうも生と死の違いがあったものだ。

□…トギは、人間同士が人間らしく生きていくのに、必要不可欠だった。近代的個人主義の徹底で、人は自分の力で生きていけると錯覚し始め、トギの重要さもトギの言葉も不要視した。

ドゲ

□…かけっこが得意だったら運動会は待ち遠しかろうが、苦手で、毎度ビリになっている者にはありがたくない日だ。たまに、だれかが転倒して、おしまいから二番目でゴールイン。「ドゲじゃなかったから、偉かった」などと、妙に褒められたりもする。

□…ビリになると、伊予では「ドゲ、ドベ、ドンゲ、ドンケツ、ドケツ」などと、まあ豊富な言葉が用意されてきた。ドゲは伊予特有の言葉で、ドベはもう少し使用地域が広い。

□…幼児期の生存競争で、ドゲを体験した者でも、かけっこだけが人間の順位や序列を決めるものではないと分かってくると、強くなる。そこでひとつ、「ドゲ」などと命名した店で、ゼロから商売をスタートさせてみては——。

ドズ（ヅ）ク

□…「ドズイタロカ」「ドズイテミーヤ」「ドズキタオスゾ」「ドーズクユウトンカヤ」。ただならない事態も、幼い子供同士だとかわいいもので、言葉ばかりが勇ましい。いっとき経過すると、どちらかが大きな声で泣き叫び声をあげたものだ。

□…ドズクとは、なぐりつけるの意味。これが大人同士だと大変だった。この言葉か飛び交いだすと、血を見たりしていた。警察のお世話にならないと収まりがつかない。

□…ドズクと言えば、胴突くという、普請の際の地固め作業があった。その土地独特のドズキ唄があって、美声を披露し合ったものだが、関東風「よいとまけの唄」が流行したころからドズキ言葉もドズキ唄も衰退した。

トッペン

□…何とかの高上がりと言われようと、ガキ大将にとって、手ごろな丘陵地を一番乗りで征服できるのは痛快だった。汗をかきかき、息を切らせながら「トッペンじゃー」と大声をあげて、後から登ってくる輩（やから）を被支配者扱いした。

□…トッペンとは、天辺（てへん）が、てっぺんになり、最終的にトッペンに落ち着いたもの。伊予に限らず、全国的に広がる地域語でもある。

□…トッペンをきわめたガキ大将たちも、大人になると、丘陵で飽き足らず山岳に挑む者、本当の支配者になって他をへいげいして自らを見失う者、頂点に立ったつもりで思わず崖（がけ）から落ちる者と、世はさまざま。トッペンも、一様でないことを知るのだ。

ドチコチナイ

□…子供相撲の風景。大人たちのいい加減な声援の中で、やっているほうの当人の子供の心細さ。負けたくはないが、格好悪く負けた際の惨めさ。大人たちは、勝負の世界では、しばしば勝者の気持ちしか理解しようとしない。

□…能力や技量が支配する世間で、時には使われたドチコチナイは実に温かい言葉だった。勝敗を明確にしたいむきに対して、「人間に優劣なんてないよ。どちらも同じだよ」という意味で使ってきた。

□…ドチは、どっち。コチは、こっちの古語だろう。よく考えてみると、どっちや、こっち、よりも、ドチコチのほうが由緒正しい言葉なのだ。いまは、なまって後世にできた言葉のほうが、標準語という正当用語になってしまった。

トバクラカス

□…藩政期のお国替えで、藩主以下、家臣に至るまで打ちそろって移住し、飛び離れた地域に言葉が伝わり、根付いたケースがある。投げ捨てておくのトバクラカスも、三重あたりで使っているところ、そうだろうか。

□…遊び道具をほったらかしにしての夕食時に、「また、おもちゃをトバクラカシとんじゃナ」としかられた。学校から帰宅したものの、「カバンをトバクラカシて遊びに行ってからに」とも言われた。

□…整理整頓しておけば、次の事起こしがスムーズに行くと気付くのは、もっと大人になってからだ。子供時代にトバクラカシを終えておかないと、大人になっても車からごみをトバクラカス。仕事をトバクラカシたり、連れあいをトバクラカス場合もある。

ドバシコム

□…何かあると、だれかが、だれかを水の中に投げ込む。東南アジアではごく当たり前の行為を、私たちもかつては夏の季節にやっていた。まるで、暑い国からやってきた民族のルーツの血が騒ぎたてるように。

□…「ドバシコメ」「ドバシコンジャレ」。子供たちは、そう大声あげながら、だれかを海や川に投げ込んでいた。一種のお仕置きでありながら、だれもが、投げ込まれた者が泳げなかったり、けがをしたりは決してしないことを知っていた。

□…海も川も、随分ときれいな時代があった。水は日常生活とともにありながら、しばしば畏敬(いけい)の対象でもあった。ドバシコマれた子は、みそぎを済ませたように、水上に笑顔を見せていた。

〜トロ

□…松山あたりの人間は昔からトロが好きだ。と言っても、マグロの上等の話ではない。話の語尾に〜トロ、〜トロと、やたらトロをくっつける。「分かっトロ」「買うトロ」「食べトロ」「見トロ」などと。

□…何々したでしょう、と過去形の意味で使うのだが、これがまた、語尾の調子で、さまざまなニュアンスを持ってくる。単なる穏やかな確認の気持ちから、それでも分からないのかと怒りの込もった念押しへと表情を変えていく。

□…兄弟で食べ物を公平に分けて食べたはずなのに、片方がもっと欲しいなどと言うと、相手は最初は「食うトロ」。理屈を付けて再催促すると「食うトロウ」と音が伸びて強まり、やがては「食うトロ、ガヤ」と、口げんかになる。

ドンガラ

□…「大きなドンガラしてからに、泣くな」だの、「見掛けだけは、ええドンガラしとるんじゃが、おつむのほうは幼うてからに」というドンガラは、体格とか体軀（たいく）の意味で、原語は胴殻だろうか。

□…ただし、ドンガラには、それぞれの思いが込められてきた。人間が成長していく過程で、だれにでも起きる身体と精神のアンバランスに、互いが頭を悩ませながら、それらを納得しようと努めるシーンで、しばしば使われてきた。

□…ある種の頼もしさと頼りなさ、ある種の期待感とあきらめの心情。人生のさまざまな局面で、親が子に、師匠が弟子に、時には妻が夫に、複雑な思いで、慨嘆しながら、ドンガラがドンガラにふさわしいようにと願いを掛けてきた。

ナスクル

□…昔、はな垂れ小僧たちがいっぱい居た。鼻水を衣服の袖で何度もふくものだから そのあたりがテカテカになってしまい、親から「ナスクってからにー」としかられていた。

□…ナスクルは、なすりつけるとか、塗りたくるの意味。村芝居で、顔を白くナスクった、にわか女装の男性役者など、「あんなにナスクって」と観客から笑われながら、本人は別人格に変わって、案外に悦に入っていた。

□…自分で塗りたくっておればご愛きょうでも、（自分のやった行為を）「他人にナスクってからに」となると、罪が深い。他の人がやったように装わせる行為もナスクルといった。今日ではナスクルの使用頻度は減ったが、人をえん罪に陥れる行為はやまない。

ナマカーナ

□…ラテン系言語のような「ナマカーナ」は、伊予ではよく使われてきた。円熟した夫婦の会話などに、その生活の味が醸し出されていて面白い。

□…夫が図体（ずうたい）を横たえ、妻が立ち働いている。イライラする妻からの発声。「立って、ちっとは手つどう（手伝う）てや」「自分が立っとるんじゃケン、自分でやれや」「うちは、だんながナマカーナんじゃケン」「いっつもナマカーなんじゃないワイ」「ナマカーなかったら、ナマカーナ、じゃの言うはずなかろうがね」。さて結末は――。

□…この「ナマカーナ」は、短く「ナマカナ」とも言う。ナマカとは、怠惰、無精、怠けの意味。それに大きく「な」と同じ用法の「ナ」を付け加え、怠けて動かない、というのだ。

ナモシ

□…夏目漱石の小説『坊っちゃん』の中で「先生を捕まへてなもした何だ。菜飯は田楽の時より――」とつづられたナモシ。かつては、生活の場で何とも柔らかだった代表的伊予弁。いまでは、肉声で聞いた体験者もめっきり減った。

□…ナモシの語源はナア・モウシ。ナアは関西風親しみ言葉。関東風気取り言葉のネエにあたる。ついでに言えば、ノウも伊予弁だが、ちょっと男言葉でぞんざい。そしてモウシは、へり下って相手を立てる。電話のモシモシ、英語のハローにあたる。

□…だから結構、情感がこもって、知己でもない人にも、気安く声掛けできる温か言葉。作家先生が変に使ってくれたせいか、片田舎のやぼったい言葉と認識されだしたとは残念無念。

ナル

□…地名にも、地方特有の言葉が用いられてきた。地名を深く考察すると、そこに刻まれた歴史が浮かび上がる。昨今は、めったやたらに、「みどり」や「さくら」などと、凡俗な地名が生まれていて、思い入れが浅い気がする。

□…この地方特有の地名に、ナルがある。なだらかであるという意味の緩(なる)し、から来ているのだろうか。山間部などの平たんな地域をナルと呼び、あるいはナラ、ナロなどとも言った。形容詞にしてナルイとも表現した。

□…平たんな場所には、草花が元気に育ち、家も建てられ、集落となって、人々の歓声が響くようになった。そんな、かつて元気だった地域が過疎で消え、ナルの地名まで忘れられようとしている。

ナンボ

□…「なにほど」が変化してできたらしい「ナンボ」は、伊予に限った言葉ではなく、全国区の方言ではある。が、伊予でも十二分に風土になじんで、土のにおいすらしている。

□…わが伊予人は、標準語と称する「いくら」や「いくつ」に接した時期、その二つの意味を同時に含んでいて重宝なはずの「ナンボ」を、いかにも泥臭いと感じて劣等感を抱いたものだ。それで「いくら」などと上品ぶって言ってみたが、値段が気になると、つい地金が出てしまう。

□…客「このミカン、ナンボゾナ?」、店主「ナンボナリト、ヨウケ、コウテヤ」、客「ナンボナンデモ、ギョウサンハ、イラン」、店主「ナンボカハ、マケトカイ」、客「ナンボニ、シテクレルン?」と。

ニセット

□…偽者や偽物のことをニセと言うだけで済まさないで、ニセットと憎々しさを込めて言う。済ませないところに余程腹に据えかねるものがあるのだ。ニセットにだまされる側にも、責任の一端はあろうに、後悔したくないから、ついついニセへの憎悪は募る。

□…ニセではないのに、ニセットにされる場合もある。わが娘に「あの男はニセットぞね。それが分からんのかね。結婚して後悔するのは、あんたぞね」と、必死の思いで諭そうとする親。「ニセットじゃの言うてからに、どこがニセットなん?」と娘。

□…親がやや軟化してくると、ニセットはニセクラに表現が変わる。ニセットより少しトーンを緩めてはいるが、ニセだという強い思いは消えていない。

ヌカル

□…ヌカルは、共通語に近い地方語。抜かり、つまり手抜かり、油断や気付くのが遅れて失敗した際などによく用いるが、伊予では少しニュアンスが違う。「わしゃあ、ヌカットった、かい」のヌカルには、「忘れてしもとった。残念無念」の忘却の強い反省の思いが込められている。

□…ご愛きょうのはずだったヌカルも、厳格なシステム社会になって、「ヌカットった」で済まなくなった。ヌカル、が命取りになることだってある。

□…高齢化社会の到来で「ヌカットった」はさらに多く使われることだろう。ヌカル言葉さえ、ヌカルことになろうか。ヌカルことも大事なことだ。寿命が延び、記憶が良すぎず、つらかった思い出も忘れることの素晴らしさに感謝しよう。

ヌケル

□…卒業シーズンでも、よそからやって来た人には、このヌケルがちょっと分かりにくい。「おたくの息子さんは、おヌケルそうなんじゃ、そうで」と言われてみて、ハテ？何だと。

□…一般的辞書には、ヌケルは、するりと出るとか、脱落するとか、の意味が書いてある。伊予弁のヌケルは、強いて言えば前者に近く、特に学校を卒業する——の意味で使う。後者なら、全く逆の途中退学になってしまって、これは意味の間違い。

□…有終の時迫る蛍の光のもとでのヌケルには、親なら特別、ほっとするものがある。ただ、学歴社会に拍車の掛かる時代ほど、結婚も就職も「どこをヌケトイでるん？」のこのヌケルで悩まされた人は大勢いたし、いまもそうだろうな。

ヌサクル

□…幼い女の子が、母親の留守に化粧品を引っぱり出して、顔中塗りたくる。美顔にしたい本能的？欲求の芽生えなのだが、帰ってきた母親は「まあ、ヌサクリカエシテからに」とびっくり。気を取り直して、わが青春時代の化粧事初めを懐かしく思い起こす。

□…昔の村芝居や盆踊りにも、大人が顔をヌサクリカエシテ、互いに化ける行為を楽しんでいた。まじめな人が、大まじめに化けるのは、神々しくもあったり、しゃべると、宇宙人が話しているようで、奇妙な雰囲気がただよった。

□…ヌサクルは、ナスクルと言ったり、ヌスクルとも言った。塗りまわすとか、塗りつけるの意味。化粧に限らず、壁への塗装などにも言い、たまに、人のせいにする行為も言った。

ネキ

□…「親のネキにおるほうが、親も子供も便利なし、ほじゃケン、ネキに家を建ててもろたんよ」。「このネキとは、近くとか、傍らという意味だ。根際が転用されたのだろうと言う人もいる。根っこの近く、と言ったほうが、より正確だろう。

□…土地に十二分の余裕のある農村地域では、親のネキに子の家が建って、またそのネキに孫の家が建っていくわけだから、人口集積を遂げた集落では、同姓ばかりになる。よそ人が訪れると「ここは、○○さんだらけじゃなあ」と言う。

□…ネキがいいのかといえば、よそから来た嫁さんたちは、やがてネキにいることとの不自由さ、しんどさも味わう。だが、やはり、同様にネキに子供を住まわせて、心安らぐのだ。

ネタロウ

□…松山の郊外農村で、戦後しばらくまで、子供たちが大声で人をたたき起こしてもいい夜があった。秋祭り宮出しの日の未明、ちょうちんなど持参で「ネタロウ、起ーキンカ」と大声で町内を走り、朝早い宮出しへの参加を促した。

□…ネタロウ（寝太郎）とは、寝坊なやつの意味。朝早くからの勤労が尊ばれた昔は、寝過ぎることは罪悪だった。ネタロウには、怠惰な者の意味も込めていた。ネタロウで効き目がなければ、力を込め「ネタロガンスが」などと言った。

□…いまの秋祭り早朝は、公民館などのスピーカーが「祭りだ、ワッショイ」などと懐メロ歌手の曲を響かせる。未明の肉声がなくなって、祭りは味気なくなったし、ネタロウは非難されなくなった。

ネチコイ

□…「あんたはネチコイねえ」は、ちょっとやそっとでは断念しない人だの意味。「こうもネチコウちゃあ、我慢ならん」は、もういい加減にしての意味。ねちねち、ねばねば、しつっこいが、つながってできた言葉ではないか。

□…江戸っ子のように、からっと淡泊に、しかも迅速な事運びには抵抗感を持ちつつ、あまりにしつこいのも嫌う土地柄。事を運ぶには早過ぎず、遅過ぎず、中間速度がいいようで、男女の間柄も、その範ちゅうからずれると受けない。

□…ネチコイ人たちは、いつも少数派に甘んじざるを得なかったけれど、嫌われながら、ハエ取り紙のように、物事の取り組みには最後まで手を離さないで来た。事業おこしには、その気概こそ大切だろう。

～ネヤ

□…ネヤとも言うし、ニヤとも言う。「あの女子(おなご)は美人じゃネヤ」だとか、「あの店は何でも売っとるし、安いニヤ」と使う。同意を求めているようで、感想の念押しであったりする。よその人が聞くと、何とも粘着質感があるようで、半面にあっけらかんとした、土のにおいのする語法だ。

□…女性はまず使わない。男性でも、よほど親しい間柄でないと使わない。遠慮無礼が許せあえて、親密感の深い仲間内でしか使わない。

□…目上が目下向きに使うことも多い。目下は自分に親しみを込めて言ってくれていると誤解してはならない。ネヤは、相手を尊重しているふうで、顔色を見ていたりする。人間関係の距離も測られていたりして、生半可な応答は要注意だ。

ノケル

□…妻と夫のトンチンカンな会話。「ノケトイテ言うたのに、どこに置いたんぞネ」「ノケトケ言うたケン、ノケテしもたがヤ」「大事なもんじゃから、ノケトイテと言うたんじゃがネ」「ノケテしもたら、ないならいヤ」。

□…妻の言うノケルは、伊予弁で言うしまっておく、つまりいつまでも大切に残しておくの意味。夫の言うノケルは、共通語で言う取り除くとか、片付けるの意味。伊予には、この両方のノケルが混在していて、息の合っているはずの夫婦も、その場の呼吸が合わないと、けんかになる。

□…これが「ノケヤ」と命令調になって、その場を取り違えると、立ち上がって退いてみたり、「違わい。品物をノケと言うとるんじゃ」とまたひともめ。

ノッケ

□…「朝のノッケから、どこへお出掛けぞね」「こりゃ、ノッケから、あんたと顔合わすとは思わなんだんよ」「ノッケもノッケ。だれとも出会わんような時刻ぞね」「ノッケから働かなんだら、人に負けようがね」。

□…ノッケは、最初に、はじめに、冒頭で、朝に、一番手で——などの意味。ノッケには、行為や時間や時刻の早さや速さなど多様な意味を含んでいた。

□…ノッケが日常会話で飛び交っていた時代は、季節感や一日の時間経過が、だれにも、とらえやすい状況で、人間とそれらが同時進行で変化していた。だから、ノッケには、特別の意味が込められた。二十四時間フル稼働社会になって、最初や朝の、意味も意義も希薄になってきた。

ノフゾー

□…「あんたは何をやらしても、ノフゾーな」とか、少し縮めて「ノフゾなことをするケン、おかしなことになっとろがネ」と言えば、締まりがないとか、だらしがないとか、横着なとか、ずうずうしいとか、要するに、ろくな人間ではないことを指す。野放図から来た言葉だろう。

□…伊予の人間は、最初に「ノ」を冠すると、相手をやっつけられると思うのか、ノフゾーで飽き足らず、ノラだのノサクだのという言葉もよく使って、相手をやっつける。

□…いまでは、このノフゾーも、懐かし言葉になって胸によみがえる。酒場や演歌風ニューミュージックの世界で似合う言葉にさえなった。ノフゾー人間がいっぱい居たころのほうが人情味があったとも。

ノラバエ

□…怠け者で、ろくに仕事をしない人間をノラと言うが、ノラバエ、またはノラバイとなると、意味ががらりと変わる。ノラバエとは、漢字で書くと、野良生え。人為的にタネをまかないのに、生えてきた栽培植物を言ってきた。

□…河川の水が、いまと比べものにならないほどきれいで、その河川敷も自然に満ち満ちていたころ、川べりには、どこからか運ばれてきた有用植物がよく生えていた。子供同士で「これ、ノラバエぞ」と発見を得意がったり、「これ、食べられるんじゃケン」などと悦に入っていた。

□…ノラバエは、河川改修で消えていった。ノラバエをありがたがることもなくなった。どこにでも出現し、ありがたく思われるノラバエ人間も減った。

ノベル

□…いまの中高齢者は、かつて本当に熱い湯に我慢して漬かり、足の指先まで痛い思いをした。寒い季節に、熱い湯に足を入れるのは大変だった。湯は熱過ぎるものと幼児体験でたたき込まれ、フロ嫌いになる人も結構多かった。

□…昔は、フロを沸かすのが大仕事だった。井戸から水を何度もくみ揚げて運び、流し込む。薪(まき)やワラを用意し、フロ場から付き切りで火の番をする。沸き過ぎて、フロ場から「湯ガ、熱イケン、ノベトークレンカナ」と声が掛かると、新たにまた井戸へ。

□…薄めるとか、冷却するという意味で使うこのノベル。濃い味を薄める際にも使った。今日では何もかも快適温・快適味時代。ノベル必要がなくなって「ノベルってナンゾナァ」だ。

ハガイタラシイ

□…親の願いや期待に反して、わが子が思うようにならない時、親、特に母親は「ハガイタラシイ」などと、よくわめいたものだ。近親者が「まあまあ」などとなだめると、「ハガイー」と少しは調子を落として、それでも、平気な表情の子に、収まりがつかないふうでもあった。

□…いらいらするとか、じれったいの意味で使うハガイタラシイは、歯がゆいに近い。瀬戸内海沿岸部でよく使われてきた。いま時、ハガイタラシイなどというと、歯が痛いらしいと聞き違えられかねない。

□…ハガイタラシイの素晴らしさは、人前であろうと、怒りを発した率直さだ。世の中が整い過ぎると、怒りたくても、心で怒って、表情に出さないのを良しとするふうになった。

ハシカイ

□…伊予で言うハシカイには二つの使い方がある。一つは、むずがゆい状態。特に麦の収穫作業の際に経験したことで、イガのチカチカが空中を浮遊した後、首や腕にくっつき、かゆくて閉口し、ハシカイを連発していた。

□…もう一つは、敏しょうだとか、気が強くてなおかつ、すばしこい、という意味で使った。良い意味で使ったり、悪い意味で使ったり、その前後の会話トーンをしかと理解しないと、第三者は誤解したりする。

□…「ハシカイてて」「だれのことぞな」「私の首じゃがネ」「首がかかるような、ハシカイことしたんかな」「ハシカイことしたんじゃけん、ハシカイんよ」「やっぱしなあ」という、とんちんかんな会話のズレは、お分かり？

ハズム

□…ハズムとは、伊予弁か共通語か、微妙だが、古語から生き延び、多様に使われた郷土色あふれる言葉だ。近ごろはさっぱり使われなくなってきて、やはり懐かしい部類になった。

□…「あそこの芝居はハズンどる」「あの店は近ごろ、ようハズンどる」と、盛況なのを言い合った。昨今の伊予の若者は「流行(はや)っている」と、東京並みにカッコ良く言い合って、「ハズンどる」などとは言いたがらない。

□…「祭りの金を、もう千円ハズンでや」「きょうの外食は、ハズンだんよ」も、奮発するとかいった意味で、どこでも通用しそうなのだが、死語になりだした。毎日、ハズンだように金を使い、ハズンだものを食していては、使う機会も減ってきた。

ハセル

□…節分ともなると、ヒイラギの枝にイワシの頭をさして、出入り口などに掲げた。「鬼が入って来んように、これをハセトイデ」と親が子に言っていた。ハセルは差し挟むとか、挟んでおくの意味。もっと外の力が加わるようだと、ハソムと言った。

□…子は「ハセトクんじゃね。ハセトイタよ」と言っていた。かつては、どこの家も土壁で、柱と壁のあいだには、ほんのちょっぴり適度に、すき間があいていた。ここがハセル場所に都合が良くて、よく利用された。親も子も、ハセル場所を知っていた。

□…家が必ずしも土壁ではなくなり、やがて柱と土壁の家構造が皆無に近くなって、イワシの頭も納まりがつかなくなった。節分のしきたりの衰退も著しい。

ハセダ

□…「ハセダにオシルンカヤ」「ハセダにオシナ」「ハセダにシラレン」などと言うハセダは、のけもの、仲間外れの意味で使う。弾(はじ)く、弾(はぜ)るあたりに語源があるらしい。

□…大家族の時代には、兄弟姉妹同士で、このハセダにする遊びをしていた。「あんたは、川から流れてきて、拾てきた子じゃケンね」と、末っ子などは兄姉の標的にされていた。それらは、いずれウソと分かる、適度ないじめだった。

□…昔、大人社会で村八分などと陰湿な仲間外れがあったが、社会的に否定された。いまの子供社会で、陰湿な仲間外れがしばしば問題になる。ハセダで通用した時代のように、手心加えたところまで、で止まらないから困る。

ハチコル

□…庭をしばらく手入れしないでおくと、生命力の強い雑草が生い茂って、手がつけられなくなる。「ハチコル前に、きりちゃちゃくっておかんケンよ」などと使った。ハチコルは、はびこるの意味。のさばるのニュアンスでも用いた。

□…農家の周りには、ハチコっても困らない仕組みができていた。暖かい季節になり、雑草が柔らかく生えそろうころ、ヒヨコが誕生し、これを盛んにエサにした。たくましいニワトリになると、雑草のほうもこれに応じて強じんに育ち、彼らの食料源となった。鶏ふんは野菜の肥料にと万事うまく運んでいた。

□…ニワトリが各家庭から姿を消し、ハチコルことの本来の天の恵みは、だれも理解できなくなった。除草剤がよく売れている。

ハチハン

□…「だれが何と言おうと、ハチハンでやったら、えんじゃがね」から「身分社会じゃあるまいし、ハチハンぞね。自信をお持ち」や「ハチハンのような顔してから」「ハチハンで通用すると思うとんかや」。毎日のようにハチハン言葉が飛び交っていた。

□…おおっぴらにとか、気兼ねなど要らない、当然の権利、当たり前といった意味で使った。八・五、つまり八つ半、九（苦）にならないとシャレを込めた説がある。もう一つ、権威者八人の判が押されて承認済みのこと、から来た説もある。

□…厳格な身分社会から脱して、社会がハチハンで覆われたようでもあるが、企業社会の覆い尽くしは、やはり別にハチハンをそっと主張し合わねばならない事態に及んでいる。

バッポ

□…「ぼん、バッポ、たんと、お食べ」。短く切った、端正な言葉の連なり。その言われようが、いまも脳裏に焼き付いている。昔むかしに聞いた温かい言葉遣い。「ぼくや、このおモチをあげるから、いっぱい食べなさいよ」と勧めてくれていたのだ。

□…バッポはモチのことを言った幼児語。幼い子供に言い聞かせるためにだけ使っていた。こうした幼児語にも地方特有のものがあって、このバッポは、瀬戸内沿岸を中心に西日本で広く使われていた。

□…バッポの語源は分からない。ひょっとすると初穂がなまったのだろうか。初穂は、その年初めて収穫した穀物のことだが、神仏に奉る穀物など供え物の意味もあった。その聖なるモチだったのだろうか。

ハヤス

□…正月を境に、古いものが新しいものに置き換えられる。畳と何とかやら、新しいものは、精神的にも心新たになって心地よい。問題なのは、古いものをどう始末するかだ。

□…廃すが転化したのであろうハヤスは、それまで大切にしてきたお守りやしめ縄、お飾りなどを、儀式化された中で燃やす行為を言う。だれもが古いものの価値や役割を認め、それを処分することに公的な許しを得ようとしてきた。

□…燃やす行為が、焼却処分などと言われだしてから、古いものの行方がおかしくなった。儀式は省略され、燃やす行為すらも面倒くさくなって、簡単に投げ捨てたり、埋め立てたりする。自然生態系の中で生きる人間の、ハヤス行為を再考したい。

ハルタ

□…田んぼに乾田と湿田があった。乾田は、水を張らないと土が硬めのままの田んぼ。湿田は、年がら年じゅう、じめじめしたり、水がたまっていて、農耕作業には難儀したが、多雨地帯に育つ米づくりだからこそ、利活用できた。

□…伊予では、湿田のことをハルタと呼んだ。水飢きんの年には、重宝した場所であり、多雨の年には、小舟を浮かべて作業したり、足が埋まらないように田げたを履かなければならないほどだった。

□…ハルタは、水利が発達しない前からの水田耕作の先取り地だったのか、支配者に搾取される中で、米が作れる場所を追い求め続けた結果だったのか。昨今、都市とその近郊は、地下水の使い過ぎで、ハルタも消えていった。

ヒシコタン

□…冷房のすべすら知らなかったころの暑い夏の季節、夜の快適さといったらなかった。子供が夜間集まり、その涼しさをさらに涼もうと、ヒヤリ体験の肝試しをたびたびやった。大人までが、この子供の薄暗い世界にのめり込んだ。

□…所や場面で、さすがに怖さもピークに達すると、「ヒシコタンで逃げてきたんよ」と、胸をどきどきさせながら、真顔で体験談を訴え掛けたりした。

□…必死から来たであろうヒシコタンは、必死より追いつめられた、八方ふさがりの心境、進退きわまった状態を言った。生きるか死ぬか、ヒシコタンの状況にすれば、大抵が成就するだろう。昨今は、だれでも「一生懸命にやろう」などと言うが、「ヒシコタンでやろう」も復活させよう。

ヒシテハネガイ

□…ヒーシテハネガイとちょっと伸ばしても言う。ヒシテもヒーシテも、一日のこと。ハネガイは、たがいちがいを言う。ヒシテハネガイは、だから「一日おきに」を意味していた。

□…ヒシテハネガイは、かつては日常会話の場で、いっぱい飛び交っていたのだが、いつの間にか、なぜかやまってしまった。勝手推理と独断論理を駆使すると、それは、労働や消費生活が変わってしまったからではないか。

□…乏しい物資、効率のあがらない行商、過酷な労働、切り詰める食事が日常茶飯事だった時代。それらをヒシテハネガイに共同化、分業化、節約化することで、生活が成り立ったのではないか。週休制の徹底で、ヒシテハネガイは用なしになったのではないか。

ビションコ

□…昔を思い出してみると、突然の降雨にも、適当な所にレンコン畑があって、そこの大きな葉を一枚頂いて、頭上に広げて駆けて帰った。大した効果もなかったのだが、適当にぬれる、その程度のいい加減さを楽しんだふしがある。

□…びしょぬれとか、びしょびしょという全国共通語に対して、伊予ではビショクレと言う。「あれれ、ビションコになって」と親に怒られながら、怒るほうも、怒られるほうも、さほど大変とは感じていなかった。

□…梅雨も、いまほど迷惑がられてはいなかった。だれもが水の恩恵を理解していたからだ。衣類のシミや汚れにも、そんなに神経質でなくて、適当に洗濯できて、着られれば、それでよかったのだ。

ヒロシキ

□…扇風機もクーラーも庶民には関係なかったごく最近まで、どこの家にも畳一枚ほどの広さのヒロシキがあった。夏の夜など、これに大の字に横たわり、星空を眺めたり、数人が腰掛けて、よもやま話などを楽しんでいた。

□…広敷というのは、広域的には、庭からあがった所の座敷とか、広い座敷や広間を言うのだが、伊予では、涼み台や縁台のことをヒロシキと言った。

□…これが重宝というか、将棋の場にしたり、農作業時の食事の場、臨時の子供の勉強場、ままごとの遊び場、布団干し場、時には立て掛けて、ひとりキャッチボールの壁代わりに使ったりした。台風襲来時など、家の中に持ち込んで、突っ張り代わりにした家もあった。

ヘーサシ

□…雨がなかなか降らない時など、「お天道さんが頑張っておいでるケン、ヘーサシ、雨がないナア」と農民は田んぼの傍らで嘆いた。水争いなどしていた昔は、雨がなければ即、稲が枯れるので、生きるか死ぬかの一大事。

□…ヘーサシは、久しく長い間、長らく、という意味。ヘーサシと言いながら、農民は辛抱強く待つことを身に付けていた。ヘーサシ、ヘーサシと言葉を重ねながら、一年、二年と豊作を待ち望んだことも。

□…太陽の輝きがうらめしく思える干ばつ現象は、昔も今も、よくある話。ただ、今日では、ヘーサシ待つことは、罪悪視されてきた。見通しや結果を迅速・的確に予想できてこそ、優れもの。ヘーサシは、久しく傍らへ追いやられた。

ビンダレ

□…「ビンダレにしられん」とか「ビンダレじゃあなあ」と使ってきた。ちょっと性差別的用語だった気もするが、ビンダレとは、男性に対してではなく、特に女性に向かって、そのだらしなさ、あるいはだらしなくなりそうなことを戒める言葉だった。

□…ビンダレとは、鬢(びん)垂れ、最初は髪がちゃんと整えられないで、あちこち垂れ下がったようなヘアスタイル状態を言った。それが、身じまいの悪いこと、締まりのない、だらしない、不潔なこと、といった広い意味に転用されていった。

□…髪形が統制され、あるいは一定の髪形でなければならないとする精神的呪縛(じゅばく)に陥っていた時代は終わり、いまでは、ビンダレのほうが格好いい、と自然に思えたりする。

ヘコタスイ

□…ヘコダスイとも言う。ヘコはふんどし、タスイは緩い。文字通り、腹のあたりの締まりのない状態を指すが、これが行き着いて、人間の緩めの性格までを表現した。

□…泣き顔で帰ってきたわが子に「あんたは、いっつもヘコオタスイんじゃから。やっといで。やられたらやり返さにゃあ」とけしかけていた親。腹のすわったわが子になってもらいたいのは親心だろうが、ふんどしのように、すぐに締め直しはきかない。

□…思い余って「ヘコタレガンスが。おまいはヘコタレじゃ」と言うヘコタレは、弱虫の意味。ふんどしがほとんど使われなくなってからも、しばらくはヘコタスイは生きていたが、さすがに、弱ミソなどと言い方が変わった。

ヘッチョ

□…「四国のへちをぞ常に歩む」などと記された古語のヘチとは、辺や端、はずれ、ふち、みぎわなどの意味だ。伊予ではこれを、ヘチコ、ヘッチ、ヘッチョ、ヘチッコ、ヘッチョコ、さらにはヘチムクレなどという使い方をする。

□…辺や端くらいなら、どうでもいいのだが、伊予では、この辺や端に、妙に関心を示す。自分が四国の辺や端に住んでいるなどとは、ついぞ思わず、辺や端とは中心を外れていて、いけないことだとこだわる。

□…「ボールをヘッチョへ投げらレン」「アイツァー、何をしゃべっても、ヘッチョコなことしか、よう言ワン」と、つまり、辺や端は中心ではないということで、的外れ、見当違いだと強調したい時に、これを好んで用いてきた。

ヘズル

□…鍬（くわ）一本に魂を込めて作物を育て、一家を養う勤勉な耕作者同士が、こと私有地の境界線となると利害が対立し、険悪になってしまうことが、悲しくも昔々からあった。

□…鍬一本で、畦（あぜ）をヘヅル。他方が、そのヘヅリ行為を責める。一定の時間をおいて、その他方が今度は同じように、反対側からヘヅル。「ヘヅッた」「ヘヅらない」が繰り返されると、畦はやせ細り、やがて仲裁役が出た。

□…ヘヅルは、古語のヘツルから来た言葉。削り取るとか、減らすとか、かすめ取るなどの意味。畦の仕切りのない、急傾斜地の高低差に応じた所有地区分など、ヘズって容易に境界が移動した。ヘズリがたびたび起きないよう、人々は一生懸命に知恵も絞った。

ヘドマス

□…「ヘドマシちゃったんよ」「ヘドマサれて、おじ気づいとろがな」などと使うヘドマス。頭ごなしにしかりとばすとか、徹底的にやっつける、一方的にやり込める、などの意味を持っている。

□…ヘドマスで飽き足らないむきは、ヘドマシアゲル、ヘドマカスとさらに強硬な表現手段をとる。完ぺきなまでに全面否定するのだから、するほうは気持ちが良くても、される側は、たまったものではない。

□…ただ、ヘドマスが通用するのは、最初から強弱の関係が固定されている世界だ。だから、ヘドマスがあまり通用し過ぎるのは、柔軟性や融通性を失った状況とも言える。「声の大きいのがどうせ勝つのよ」などと虚無的な声が出てきたりすると、世も末だ。

ヘラコイ

□…伊予には、精神構造というか、性格判断というか、人間性を言いたがる独特の言葉が妙に多い。ヨモダのように間口奥行きの広い多様言語もあれば、ヘラコイという、やや毛嫌いぎみの言葉もある。

□…賢いようだけれど、計算高い。偉いようだが、横着千万。物分かりがいいようだが、頑固。落ち着いているようで、実は軽薄。とにかく、内々ではののしりたく思いながら、そういう焼き印を押さないと納まらない。我慢を込めて、「あいつぁー、ヘラコイてて」と言って、ようやく気を晴らしている。

□…ヘラコイは関西から瀬戸内海沿岸で使う。果たして、この言葉、東から来た人が持ってきたのか、西からか。いや、地元産の言葉か。これこそ大問題だ。

ヘンジョーコンゴー

□…あれこれと不平、不満、苦情、文句をたらたらと、しかも同じ言葉を並べ立てる人はいるもので、聞かされるほうは、たまったものではない。そこで、ぴしゃりと「ヘンジョーコンゴー言ワレン」と切り返すと効果てきめん。これぞ、弘法大師さんより効きめがある、というわけだ。

□…南無大師遍照金剛。お大師さんに何事かを祈る時に唱えなさいと、庶民が教えられた、ありがたい繰り返し言葉。たくましい庶民はまた、これを、不必要なたらたら文句をやり込める決め手に使ってきた。

□…伊予で使われるこのヘンジョーコンゴー。近畿から中四国でも通用していて、源は、四国から広まったのか、上方に行って練りあげられ、各地に広まった言葉か、どちらだろう。

ヘンド

□…弘法大師の徳を慕ってお四国を巡る人を、漢字で書くと「遍路」。昔の伊予の子供たちは、こうした人のことを、なまって「おヘンドさん」と言っていた。「ヘンロ」の呼び名にはロマンの薫りがする一方、「ヘンド」には何やら土のにおいがただよった。

□…ヘンドと言えば、都から遠く離れた土地という意味の「辺土」や、最果ての地という「遍土」を連想させる。雑踏を逃れ、四国の最果てをたどる旅だからこそ、泥臭いこうした呼び名も、ふさわしかった。

□…ただ、大人たちは、ヘンドに、物乞いのニュアンスを込めていた。物乞い、と言われるも良しとする、清貧の求道者的な遍路もいた時代があった。いまは金満家の遍路さんが豪勢に巡っている。

ホ

□…伊予は、「ホ」の国だ。ホホホとほほ笑むのも良し。「惚(ほ)」の字が好きなのよ、と言ってみるのも良し。とにかく徹底的に「ホ」に浸っている。

□…「ホウじゃった」「ホウかな」「ホウなんじゃなあ」。会話は熱を帯びてくるにつれ、「ホシテからなあ」「ホウよホウよ」「ホジャケン言うとろがな」「ホテからどうなったんぞな」「ホシタラなあ」と、もう周囲の光景など目に入らないふうに「ホ」のキャッチボールを続ける。

□…共通語なら「そうだった」や「そうですか」「そうなんですねえ」と言うところを、この「そ」が、仲間うちになるほど、緊張の糸を解いて「ホ」に化ける。そう指摘されても、「ホウよなあ」「ホウじゃわい」と涼しい顔だ。

ホイト

□…言葉には、悲しいことに、差別や侮辱も込められてきた。昔から、目的としてお四国を巡っている人と、実はそうしながら放浪するしかなかった人がいた。人々は、これらをヘンロと別にホイトと、区別して呼んだ。

□…物もらい、こじきという意味を多分に込めたホイトも、言葉の源流をたどると、祝人、祷人、陪堂、布衣徒説があって、主に宗教の場で施しをし、施しを受けることの敬謙な意味が込められていたらしい。施される側を、意識的に下座に置こうとしたのは、後世のことだろう。

□…ホイトの呼び名を、ねじ曲げて使ってきた伊予にも、一遍という傑物が出ている。その聖絵には、貧しい人々が一遍の身辺に生き生きと描かれている。

ホウシコ

□…土筆、ツクシという言葉のほうが、全国的に通りが良くなって、ホウシコは隅のほうに追いやられてきた。言葉は、それが失われていく時、言葉の持ってきた豊かな文化まで根こそぎ失っていく場合がある。

□…卵とじにしたり、梅干しでのデリケートな味付けが腕の見せどころ。昨今の自然食ブーム、商品価値としての高まりで乱獲ぎみだ。線路沿いや墓地、土手などでは姿を見なくなった。われらがホウシコ文化圏は、危機的状況にある。

□…ホウシコ（法師子）は伊予から讃岐、兵庫にまで広がって使われてきた。人の交流、婚姻圏であったのかもしれない。この地域の人々は当然と考えてきたが、他地方に行くと、ツクシは食べるモノではなかったりする。

ボル

□…不当な利益をふんだくる「ぼる」ではない。「ボレトルがナ」と言っても、年老いてぼけてきているのではない。「漏れている」のだ。

□…ボルことが昔はいっぱいあった。だから、いつでも、どこでも、ボルを聞かされた。バケツも弁当箱も、安普請の家の天井も、古い教室の天井からも、いつの間にか水っけが漏れ出ていた。

□…鋳掛け屋さんが家々を巡って、バケツやなべ釜の穴ふさぎを商売としていた。モノは長持ちさせて使うのが当たり前だった。ステンレスやプラスチックが世間を覆った昨今は、漏れる恐れは解消し、ボル言葉も聞かれなくなった。物には寿命があるとか、手当て次第でよみがえる術のことを、私どもは、このボル言葉の消滅と同時に見失ってしまった。

ホンコ

□…子供の世界にも、小さな勝負事が適当に何でも許容されていた時代。「さあ、ホンコぞ。勝負」などと叫んで、真剣そのものの戦いを繰り広げていた。チャンバラ勝負に、パッチン勝負、昆虫同士の競い合わせ、指相撲と、戦いがあれこれ工夫され、好まれた。

□…ホンコとは、本事、つまり本勝負の意味だ。ホンコと言うだけに、それに対するウソコとかダマコが用意されていた。「ウソコぞ」と念を押してから、まず手合わせをする。実力のほどが互いに分かってからホンコに移るから、負けても運が悪かったと、あきらめもついた。

□…今日では、ウソコとホンコの境目があいまいになってきた。模擬試験まで成績扱いされたりして、戦いも味気なくなった。

マガル

□…街角に物を置いていて「マガリマワル」と言われても、そこをぐるぐる回ったりしないのが伊予人。

□…街角を曲がる時「その角をマガランようにお曲がりナ」と言われても、どちらにしろと言っているのか迷ったりしないのも伊予人。前者のマガリマワルは、邪魔や障害になって困るの意味。粗大ごみ扱いされているご亭主など、奥さんから「日曜日にごろごろされてはマガリマワル」とやられる。山の神の気分を損じたりすると、次は「マガリカマシイ」となる。

□…マガランようにとは、触れないように、の意味。角っこがペンキ塗りたてだったので「角に触れないように曲がりなさいよ」と言ってくれたのだ。街には「マガラレン」と書いている。

マゾウ

□…昔のおもちゃはひ弱だった。子供同士で、相手の了解なしに触ったら、ぽきっと折れたり、外れたりした。ドキッの後は、この災難からどう逃れるか、子供心は悩んだ。

□…知れたら、顔を紅潮させ「あーあ、マゾエよ」と元通りか弁償を迫られるのは必至。自分がそこに居なかったことにと思い巡らせたり、それが無理なら、ほんのちょっと触っただけだのに壊れたと、おもちゃのもろさを言い張った。

□…大人になると、相方から「私の人生、マゾテくれん」と迫られたりして、難渋する場合が起きる。ほんのちょっと触っただけだよとか、相方のもろさを主張しても、逃げようはなくなる。マゾテはしいのは、わが身のほうだヨと、そっと心で泣くことになる。

マホコ

□…カッコいい車に乗ったカップルも、日暮れ間近に西に向かうドライブは苦労する。太陽が落ちかけ、まぶしくて、たまらない。そこで、どちらかが「おひさまがマホコにあるんじゃケン、困らい」と、つい口走ったら、それは純粋伊予人だ。

□…マホコとは「真っ方向」から来たのだろうか。真正面という意味だ。寄り合いなどでも、「苦手な人間が、マホコに座っとったもんで、言いたい事も言えなんだがや」などと使う。

□…台風がやって来る季節ともなると、使用頻度が上がる。新聞やテレビ報道の台風の進路予想に「こんどの台風は、マホコに来よるぞ」「マホコてて、山がせき止めてくれて、マホコに来ても、エエンよ」と恐れたり、侮ったりした。

～マリ

□…「こんな品物は、どこマリにはないゾネ」と言えば、「そりゃ分かっとるんじゃケン、だれマリには言うてもらわんようにせんと」と相方。会話に熱がこもってくると、「どこマーリには」とか「だれマーリ」にはと、言葉を伸ばして、甲高くなる。

□…～マリの意味は、ちょっとデリケートだ。全体を限定しておいて、少々の漏れは許しながら、制限を掛けてくる言葉であったり、漏れを許すようでいて、実際は絶対にそれを許さない言葉であったりする。

□…～マリを簡単に受け止めていると、後で大変な目に遭う。土地柄というか、単刀直入に表現しないところが危うい。そのあいまい表現を上手に斟酌（しんしゃく）しないと、絶交状態になる。

マン

□…「マンが悪かったと思うて、泣かずに、あきらめよや」「わしゃあ、マンがエー人間よ。よう当たるで。抽選で自動車が当たるし、その車を運転したら、相手の車とぶち当たるし」というマン。運とほぼ同義語。ある際の巡り合わせとか、まわり合わせの意味。

□…語源的に、運がなまったのか、マンが先にあって、運になったと考えたらいいのか。さらには、間(ま)の転用だとか、間と運がつながったという説もあるようだ。

□…間と運がつながって、マンがよく使われていると考えるほうが、真理かもしれない。「人生の間に起きる細事の出来事だよ。運なんてのは」と先人たちは伝えたくて「マン、マン」と盛んに唱えてきたのではないかとも。

ミー

□…ミセーヤ、ミセヤセン、ミショーカ、オミヤ、ミトーミなどと、伊予はなぜかセミのようにミーミーを発するのが好きだ。これを順に共通語に直すと、見せなさい、見せない、見せようか、見なさい、見てみなさい、となる。

□…ただ、ミヨレやミトイデヨと言われて、じっと見ていなさい、なのかと単純に理解してしまってはいけない。時と場合によっては、相手は怒っているのだ。まず、オドレとかアンタとかがその前にあって、「後が怖いからね。後悔しなさんな」と捨てぜりふを吐かれている。

□…もう一つ、異種のミーがある。見てミーはよく使う命令言葉。もういっぺん言うてミーは、これも単純に命令だと理解すると、張り倒されかねない。

ミゾイ

□…暑い夏になって、子供に昨年着せた浴衣を出して身に着けさせたら、おかしな格好。浴衣の丈に比べて、身の丈のほうが伸びて、すねから下の足が長く浴衣からはみ出している。こんな情景は、日常的に浴衣を着ていた時代に、どこの家庭にもあった。

□…「浴衣がミゾイんで、縫い上げを解こう」と親は早速、作業に掛かった。子供の幼い時期は、浴衣の背丈も袖も縫い上げし、身丈が伸びると、縫い上げを解いて再調整して、また着せていた。

□…ミゾイは短いの意味。四国各地で用いてきた。短い、は断定的、短絡的思考を感じさせるが、ミゾイが通用していた時代には、ミゾイをミゾイで終わらせない生活の知恵や工夫があった。

ミツイチ

□…まんじゅうやようかんを真っ二つに分けるのは、まず多少の誤差に目をつむれば、だれにでもできる。それを、目見当だけで、すぱっと三分の一ずつに分けるには、知恵と適正なセンスが必要だ。

□…まんじゅうやようかんも、三分の一ずつに分けて売らねばならなかった時代があった。「この品をミツイチ下さい」と店先に立つ人がいた。ミツイチとは、三分の一の意味。切り売りが、ごく当たり前の社会では、公平に三分の一に分けてみせる名人ワザを身につけた人が必要だった。

□…尾頭付きの魚を「ミツイチくれんかな」と声を掛けられた魚屋さん。測ったような包丁さばきは苦手で、「ミツイチじゃの言われん。半分あげらい」と素早くサービスに転嫁する。

メガス

□…メグと言うと、全国的にも、壊すことだと理解できよう。伊予では、これを客観的な立場なら、メゲル、より積極的にかかわる場合には、メガスと言う。メガスは、使用地域が比較的限られている。

□…昔の秋祭り。みこしの担ぎ手は深酒で馬力をつけた。ころあいもよろしくなると、みこし本体の動きもふらふらしていた。やがて大抵、軒の低い家屋の軒瓦に、みこしが突進してしまっていた。「メゲル、ガヤ」「メガス、ナヤ」の叫び声で防戦しても、瓦の一、二枚は割られていた。

□…祭りは、一致団結、つくりあげることが主目的なとども言うが、実は、破壊するエネルギーを、期待してきたふしがある。衝突とあつれきこそ、祭りのだいご味だった。

メメコンコ

□…中高齢者は覚えているだろうか。「メメコンコ」と言って、幼子をしかり合った風景を。近ごろの若い親に「メメコンコと言って、わが子をしかりなさい」と言ったって、「それ何の呪文なの？」と不思議がられるか、軽べつされかねない。

□…かつては、どこの親も、幼子に目をむくまねをして、メメコンコを唱えたものだ。メメとは、目をかわいく言う幼児語。これにコンコを付けて「してはいけないよ」と伝えた。

□…裸眼が普通だった時代は、目は口ほどにものをいって、目をむいて見せる習慣がごく当たり前に通用した。眼鏡が一般的な今日は、目をむく所作をしても、目にごみが入ったか、涙が出たのかと思われるのがオチだろう。

メンドイ

□…女房が亭主を称して「うちのはメンドイんよ」と言えば、面倒で手間が掛かる程度ではなくて、気難しいとか、手に負えないとか、要するに、わが女房自身の意のままにはなってくれない代物と決め込んでいる。

□…亭主も負けてはいないから、「メンドイんは、オマイのほうじゃ」とやり返す。メンドイ合戦は、総論から各論へ移る。メンドイ実績例の披れきを始める。お互いが相手のメンドイ同士にしか通用しないメンドイ価値観の火花が散る。

□…配偶者以上にもっとひどいウルトラ「メンドイ」人間が世に居るのを知らない同士だから、第三者的には気疲れする不毛な言い争いというわけだ。メンドイと言いあっているのは、実はメンドクナイ同士だったりする。

メンメニ

□…大家族時代、親は子供を一人ずつ丁寧に育てられなかったので、何でも、自分でやりなさいと突き放していた。個別に言ってきかしては時間がかかり。家事労働も忙しくて、説教も、全員を横並びにして「メンメニ、大人になったら、自分で食うといき（生計を立てなさい）」と宣告した。

□…メンメニは、面々に、めいめいに、が短くなった伊予特有の言い方だ。子供のころから、メンメニを耳の痛いほど聞かされた子は、成長して、メンメニ、たくましく生きるのが当然と考えた。

□…核家族時代になって、依存夫婦、親離れ子離れしがたい親子の、それぞれの精神的独立を望む言葉として、メンメニは、かすかに生き残っている。少し寂しい使われ方だ。

モウマア

□…江戸っ子だったら、じれったい。伊予の生活テンポと話し言葉ときたら、随分と悠長で、良く言えば、おっとり、悪く言えば、間延びしている。

□…モウマアこそ、時間がゆったり流れているのを実感できる言葉の一つだ。「モウマア来らいな（来るよ）」と言ったって、すぐに来ない。「モウマア始まらいな」と言えども、開始する気配はない。だから始まってから「モウマア終わらいな」と言われても、延々と続く。

□…温泉につかっていて「モウマア出らいな」と聞かされても、ぬるま湯にたっぷり浸っている。だから「モウマア死ないな」と今生の別れを自ら宣告してみせても、しぶとく生きている。モウマアこそ、長寿の秘けつであるらしい。

モゲル

□…共通語でモゲルとはもぎ取れるとか、ちぎれて取れてしまう、の意味。伊予でも取っ手が取れてしまった時など、そうした言い方をする。一方で、それと全く違う使い方もする。

□…「あんたの歌い方、見事に節がモゲトル」と言ってから、皆で大笑いし合うのだ。かつては、そんな光景が、どんな宴席でも見られた。この場合のモゲルとは、それているとか、外れている、の意味だ。

□…昨今の音楽教育、カラオケ、AVの普及で、モゲルのは恥となり、日陰に追いやられてしまった。過去の、節のモゲル人がどこにでも、いっぱいいいた社会は、結構楽しかった。弱点をさらけ出し合い、そうする体験を皆で共有し、笑い飛ばし合う、そうしたたくましさがあった。

モシャグル

□…紙をもんでシワにする行為を、先人のほとんどがきまじめに実行していた。紙が貴重品だった時代ほど、そうする事にだれもが熱心だった。この紙などをもみくちゃにする行為をモシャグルと言った。

□…高齢者の記憶に必ず残っているのが、七輪の火おこし。たき付けと称して、まず紙をモシャグって、下に置く。その上に、燃えつきやすい木切れを重ね、さらに上に炭を乗せて、煮炊きの準備となる。上手なモシャグリ具合によって火がうまく木切れに、さらに炭に燃え移った。かまどの使用にも、紙は、とりわけ便利な必需品だった。

□…戦争で紙が不足した時代には、厚手の紙も、一生懸命にモシャグって、鼻紙になったり、落とし紙になったりした。

モトラン

□…伊予人は、細部や細事への神経質過ぎる「こだわり」と、のん気過ぎる「いい加減さ」の、相反する気質を併せ持つ。こだわりが過ぎると、いい加減さが強気になり、「モトランことお言ナ（言うな）」で一蹴（いっしゅう）する。

□…モトランは、根も葉もない、根拠がない、くだらない、つまらない、を一緒にした相手やっつけ言葉だ。大声で唱えれば、かなりな局面で効き目がある。効き目が薄ければ、さらに強調して、クソモトランで、相手を委縮させる。

□…モトランを使うのが好きないい加減派と、モトランと言われながら細事へのこだわり派、の対立。伊予人の内的かっとう、夫婦など人と人との心理戦争で常に見掛ける風景だ。

モブル

□…中四国の西瀬戸地域では、昔から混ぜ合わすことをモブルという。ここからきた伊予のモブリ飯にモブリ寿司。加薬飯くらいならともかく、近ごろは五目飯、散らし寿司、炊きごみご飯、味付け飯だなどと、随分と味気ない。

□…「モブリ飯にモブリ寿司では、よそから来た人に分からない」と言ったって、伊予では「そう言うのだ」と押し通せばいい。ここでは本来、全国と同じ五目飯や散らし寿司ではなかった。ネタもその混入度も味付けも違った。そういうのが伊予の味だったはず、なのだ。なのに、寿司店もコンビニも、近ごろは標準語が随分とお好き。

□…言葉の衰退は、言葉だけではなく、そのものの持つ味や中身まで変えていったという一例。

モメクル

□…争いは非道徳的なことだろうか。金持ちけんかせず、などとも言う。外見的な争いは減っても、内面的な争いは激化し、それでストレスがお互いにたまって困る、などとも言う。争うは、モメルとも言う。

□…揉めるの字が読めなくなったのだが、モメルは揉む、からきているのだから、もっと肉体的だったのだろう。伊予では、それをモメクルと言う。もっと、人間同士、手作業でこね合ったのだ。

□…多少は品のないモメクリも、日常的に見る機会が随分とあった。さらにはモメクリサガスなどと言って、それはもう大変だった。子は、隣近所、親類縁者にまで繰り広げられる人間のもみ合いで、育った。あのころのほうが、エネルギッシュだったのか。

〜ヤイコ

□…人と接しなくてもいい、ネクラがいっぱい居る現代と違って、人と人が接しないと、しかもワイワイ、ガヤガヤ言わないと収まらない時代があった。何でもが平等で平和でないといけない、のではなくて、何でも競争、それも楽しく争う時代があった。

□…走りヤイコ、飲みヤイコ、食いヤイコ、言いヤイコ、落としヤイコ、飛ばしヤイコ、投げヤイコ、蹴（け）りヤイコ（缶蹴りのこと）、殺しヤイコ（チャンバラ遊びのこと）などなど。〜ヤイコは、ごっこと競争を折衷した言葉だ。

□…例えば、言いヤイコ。口げんかに近いが、けんかであって、けんかでない。けんか一歩手前で止めながら、争いの中で互いを練り合う、上手で達者な生活術をはぐくんでいた。

ヤギネ

□…軒下のあたりをヤギネと言った。「あんたとこのヤギネにネコが寝とった」などと使った。屋根の際の根っこ、屋際根からきた言葉だろうか。

□…農家の軒下には、かなりの余裕スペースがあった。燃料用の薪（まき）から、農具の小道具まで、労働と生活に必要な物置場にもなっていた。座り込んでの子供の遊び場になったり、よそ人の雨宿りの場所にもなった。庭木がかなり迫ったヤギネは、外でもなく、内でもない不思議な生活空間であった。

□…ヤギネを廃した合理的住宅は、何かじめじめした空間、無駄であって無駄でないような子供の想像空間を失わせた。ヤギネに寄って、人々がコミュニケーションする行為もなくした。ヤギネは幻の世界。

ヤネコイ

□…伊予には、人の性格や生きようを評論する独特の言葉が多様にある。言葉を用いて決め付け、批判し合い、生活共同体としての秩序維持を図ってきたのだろう。その一つに、ヤネコイがある。

□…ヤネコイは、脂(やに)から来た言葉だろうか。脂っこい、それが転じて、きたないとなり、きたない性格と思える人の場合に用いてきた。悪賢いとか、執念深い、意地が悪い、と、要するに、こちら側を正当化し、あちらを不当扱いする。だから、自分自身には決して使わない。

□…ヤネコイを随分と使い過ぎたためか、伊予の国は、性格的に淡泊な土地柄になった。従って、粘り強くない、気難しくない、面倒でない、手ごわくない人が増えてしまった。

ヤリツケル

□…酷暑の夏は、体にこたえる。「こんなに暑ーちゃ、ヤリツケルかい」「ほうよほうよ、あたしもヤリツケタんよ」。よそ者さまが聞けば、何をしようと言っているのかと不思議だろう。共通語なら、ヤリツケルは、し慣れているとか、やり込めるとか、行為を強めて言う意味だ。

□…このヤリツケルは、無理をしたために体をいためてしまったとか、それで病気にかかってしまった時に使う。どうも、勤勉実直、精励これ努めた伊予人ならではの、特異に使ってきた言葉であるらしい。

□…だれもが筋肉労働に従事し耐えた時代に、随分とヤリツケル人は多かった。労働が軽減された現在も、かつての辛苦は体に蓄積されていて、ヤリツケルは、しぶとく残っている。

ユー

□…「道後のユは素晴らしい」と言う人は、よそ者だ。生粋の地元人間なら「道後のユー」と言う。湯（ユー）に漬かる時くらいは、ゆったりしたいと考えるのが自然であり、ユなんて言えば、カラスの行水みたいで、慌ただしい。

□…それにしても、江戸っ子には、じれったいことだろう。伊予ときたら、やたら何でも延ばすのが好きなのだ。「目（メー）がかゆい」「歯（ハー）が痛い」「戸（トー）を閉めてや」「きれいな絵（エー）じゃあ」「田（ター）に水を入れる」「矢（ヤー）が飛んできた」と、まあ、ごゆっくりさんだ。

□…この間延びした表現こそ、伊予独特の文化なのだが、最近は万事忙しくなったので、その値打ちがおかしくなってきた。

ユーナ

□…そばで「ユーナ」としゃべっているのを、「言うナ」と勘違いしてはいけない。伊予だからと、「湯なあ」と言っていると誤解してもいけない。この土地ならではの、ゆったりした独特用語なのだ。

□…漢字を当てはめれば「裕な」なのだろう。余裕のある、裕福な、暇の持てる――あたりの表現法だ。大金持ちの境地までは行かず、適度に余裕のある、奥ゆかしい生活ぶりを称し、「あの人は、ユーナ生活をしとる」だの「老後はユーナ気持ちでおりたいもんじゃ」などと使う。

□…伊予のユーナは、電鉄会社の株を買って、その電車で道後温泉の朝ぶろに通う行為が、典型例とされてきた。ユーナは、やっぱり「湯なあ」にはつながっていたのだ。

ユスクル

□…よそ様の柿の木に登って、熟れた実をもぎ取る子がいた。もう一人の子は、よじ登らないで、地上から柿の木を揺さぶり、熟した実が落ちて来るよう一生懸命になっていた。

□…「そんなにユスクルなや。落ちてしまうがや」と樹上の子。「落とそうともて、ユスクリよんじゃがや」と地上の子。「カキを落としたいんか、ワシを落としたいんか」と再び樹上の子。スリル感と果実を得る努力が同居していた。

□…ユスクルは、ユサクルとも言った。子供がユスクラれることとは、幼児期からいっぱいあって、いろんな大人の腕に次々と抱きとめられて、揺さぶられもした。子供自身は驚いたり、喜んだりしながら、運動神経を養い、勇気や元気さを身に付けていった。

ヨイ

□…伊予は居良いか住み良いか、伊予もいよいよ大変じゃあ、などと「イヨ」言葉をいっぱい使ってきたご当地に、これをひっくり返した「ヨイ」のほうも、頻繁に使われてさた。

□…「ヨイ」と言われても、喜んではならない。決して「良い」と言ってくれているわけではない。実は男性が「おい」と相手に呼び掛けているのだ。「ヨイヨイ」と言われても、腹を立ててはならない。身体がどうにもならない状態の、俗っぽい言われようではなく、ヨイでは振り向かず、重ねて呼び掛けたのだ。

□…前後の言葉に配慮しないと、ヨイヨイと言っていても、必ずしも、呼び掛けではない。「ヨイヨイ、どないすりゃあ」と言っているヨイヨイは、驚きや嘆きで、自問自答している。

ヨータンボ

□…ヨイタンボとも言った。「酔うた坊」のなまった言葉で、軽い酔っぱらいから泥酔者までをこう呼んだ。もとは浄瑠璃・歌舞伎の世界でよく使った、れっきとした共通語だった。

□…昔は酒を飲んだら、精いっぱい酔っ払うのは至極当然の公認世界。横にひっくり返るのも珍しくなかった。正月も、秋祭りも、棟上げでも、どんちゃん騒ぎの後に、死んだように眠りこける人が必ず居た。俳人・種田山頭火も伊予に来て、その境地に浸りこんだ。

□…現代の、特に若者は酒を適度にうまく飲んで、泥酔の姿態は努めて見せようとしない。ヨータンボは醜態だとみなされている。昔のヨータンボの中には、確かに格好悪い人もいたが、頼もしい人もいた。

ヨセル

□…「ヨセテヤ」「ヨセタゲライ」で、子供仲間の遊びの輪が広がっていた。仲間に入れる行為が、こうした簡単な言葉で、実行されていた。そうした共同組織へ入る簡便用語は、大人社会でも、ごく自然に、違和感なく使われていた。

□…参加を迎え入れるという意味の「ヨセル」は、漢字で書く「寄せる」の、近づけるとか、近寄せる、一カ所に集めるという固いイメージではない。伊予特有の人同士の親密さを育てるのに機能してきた。

□…反対語の、仲間外れにする「ハセダ」というのも確かにあった。ハセダは今日、残忍な「いじめ」へと発展している。「ヨセル」も、これに負けてはならない。この伝統的地方語こそ、もっと使い込んで、進化発展させたい。

ヨマ

□…住人と客の玄関口での会話。「話も長なりそうなケン、まあヨマに上がってヤ」と住人。「あんたとこのヨマは、いつもきれいにしとるなあ」と、お客。そこへ、わが家の悪童が部屋を駆け回りだす。見兼ねた住人が「こりゃ。ヨマを走らレン言うたろガネ」。

□…かつての住居には、板間(板張り)と畳を敷いた部屋があった。板間といったって、現代の洋間ではない。板間は、大家族で、食べ物など落としがちな茶の間、農業など屋外労働から持ち込んだ汚れにも順応できる生活空間だった。

□…これに対して、畳を敷いている部屋を、明確に区別して、ヨマと呼んだ。ふだんは使わない客用の座敷、寝室に用いた。夜間や余間から来たのか、居間が変化したのだろうか。

ヨモダ

□…伊予弁中の伊予弁、横綱級伊予弁と言えば、ヨモダ。「ヨモダをオシナ」の正確な意を、たちどころに理解できれば、よそ者さんでも、ご当地、かなりのツウと言える。

□…土地人間は、このヨモダが大好きなのだ。「ヨモヨモお言ナ」「ヨモスケが」「ヨモクレルのも、おやめヤ」「まあ、ヨモクルことヨ」と、まあ大層、ヨモを使いたがる。

□…本筋のヨモダには、深い深い意味が込められている。知っているのにおとぼけで、本気にならない、というのは、表面的解釈。知性と品格を内に秘め、それを自他ともに笑い飛ばせる人格の持ち主こそ、本当のヨモダ。外見的ヨモダ人間は、いっぱい居残っているが、本物のヨモダ人間は、まれになった。

ヨリヤイコ

□…いまの「集い」だの「ミーティング」なんて言葉を、仰々しく掲げなくても、人がすぐに集まっていた時代があった。それを一般的にヨリ(寄り)と言った。ちょっと格式を重んじれば、ヨリアイと称し、そんなのは堅苦しいと思うむきは、ヨリヤイコと親しみを込めて呼んでいた。

□…ヨリヤイコの言葉には、伊予特有の自主的参加性、そこでの平等な発言、相互扶助の考え方があった。例えば、お大師講、お観音講といった、期日を決めての各戸持ち回りヨリヤイコなどがあった。

□…車座なんていう言葉も復活させている。偉い人を囲んだ集会はともかく、求められて出るのではなく、自分たちで集まり、談笑するヨリヤイコの楽しみ精神こそ復活させたい。

〜ラレン

□…「この道、通ラレン」「この橋、渡ラレン」など手書きの注意文句を見掛けても「この道は通ることができない」とか「この橋は渡ることができない」と物理的な不可能さを言っていると錯覚してはならない。伊予では「通るな」「渡るな」と禁止の意味で伝えているのだ。「な」よりは、ずっと優しい。

□…走ラレン、言わレン、食わレン、しゃべラレン、騒がレンと、〜ラレンや〜レンが、やたらと飛び交う土地柄。禁止そのものの「シラレン」も、「セラレン」のほうが通りがよい。「セラレン言うとろがや。セラレンことはセラレン」と説諭も柔らかい。

□…だから、伊予路の官製警告表示も、「ごみ捨てラレン」「駐車セラレン」をもっと掲げてみたい。

リューキイモ

□…イモの文化をたどっていくと、稲の文化とは違った、われわれ先祖たちのやって来たルートや、意識構造の根幹部分までのぞき込める気がする。

□…いまでは、全国一円にサツマイモになってしまったイモは、伊予ではリューキイモのほうが通りがよかった。サツマイモは薩摩から来たイモ、リューキイモは琉球から来たイモということだろうが、ただそれだけの意味だったのだろうか。ややこしいことに、ジャガイモをリューキイモと呼んだ地域もあった。

□…先人たちは、遠くの未知なる世界からやってきた食べ物だという意識でイモをとらえていたのだろうか。あるいは自分たちで持ってきたのだろうか。後に、稲作重視政策がイモを下等扱いしてしまった。

わ

ワー

□…あなたと私を、オマイとアシ、アンタとアタシと言う。これに対して、自分というのが、我(われ)が伸びたワー。「アンタは、ワーさえ良けりゃあええんじゃから」「ワーがワーの事を大事にして何がおかしい。アシはワーこそ大切にしとるんじゃあ」と、伊予の夫婦は、和ではなくて、ワーワーと言い合いながら、口げんかする。

□…ワーで事が済まなければ、ワートコ、ワーカタと定義を広げていく。「ワートコは、そういうやり方で育ったんじゃケン、よかろがや」「ワーカタで何でも通用するかいね」とまあ、自分の家くらいまで手を広げて強弁し始める。

□…自分中心主義を西洋風にはミーイズムなどと言う。こちら、ワーイズム。なかなか健在だ。

〜ワイ

□…東京弁の女性言葉で「行くワ」や「すてきだワ」という語尾の「ワ」。伊予に入ると、イを加えて「ワイ」となる。主に男性言葉だが、おばさんたちも、年齢を気にしなくなるあたりで、仲間うち同士で盛んに使っている。若い女性なども、すがすがしく使ってくれると、優しさを感じさせ、うれしくなる。

□…「映画、面白かったん？」「つまらんかったワイ」。「食べてみる？」「食べようワイ」。「見せてくれん？」「見しょうワイ」。「先に行っといて」「ほんなら、行っとろワイ」ってな具合だ。

□…ワに比べて、ワイはやや泥臭いと思われがちだが、深く理解してみると、相手に軽く念押ししていたり、温かい感情をそっと優しく添えている。

ワク

□…畑での会話。「あんた方はワイタかな」「ぼちぼちワイトルんよ」「まだまだワイテ楽しめらいなあ」で、地元では通じる。

□…ワクは野菜などの芽を間引く際などに使う。共通語なら、識別するとか、判別する意味で用いるが、伊予では「分く」と古語を上品に言ってのけることが、いまだに続いている。

□…秋の季節、大根の種をまいて、芽が一定まで伸びたのを、次々と間引きながら、それを捨てずに、オヒタシにするのが、おいしい。近江から伝わったヒノカブ（緋のカブラ）も、全部を育つまで待ってヒノカブ漬けにする前に、間引いたのを食べていくのが、何とも歯ごたえがあって、おいしい。ワクは豊かな食文化なのだ。

文芸作品の中の伊予弁

目次

夏目漱石『坊っちゃん』

【原文】

おれはバッタの一つを生徒に見せて「バッタたこれだ、大きなずう体をして、バッタを知らないた、何の事だ」と云うと、一番左の方に居た顔の丸い奴が「そりゃ、イナゴぞな、もし」と生意気におれを遣り込めた。

「篦棒め、イナゴもバッタも同じもんだ。第一先生を捕まえてなもした何だ。菜飯は田楽の時より外に食うもんじゃない」とあべこべに遣り込めてやったら「なもしと菜飯とは違うぞな、もし」と云った。

【付言】

おなじみ小説のクライマックスの一つ。イナゴとバッタは正確には異なるし、ノモシと菜飯を混同されても困る。菜飯なんていう感覚は松山には乏しく、もっと美味しい「もぶり飯」か「炊き込みご飯」くらいにしてもらいたい。

よく知られた伊予弁が交錯するこの作品が、松山出身の高浜虚子の加筆で世に出たことを、愛媛大学の佐藤栄作教授が看破された。漱石の直筆原稿にあたると、漱石の文字ではない、虚子が書き入れた部分が分かった。しかも漱石自身が虚子に小説の方言部分の手直しを依頼した手紙まで残されていた。

作品は一九〇六（明治三十九）年の「ホト、ギス」付録で世に出た。同誌の編集者は高浜虚子だった。この前年、同誌に漱石の初作品「吾輩は猫である」が出ている。小説「坊っちゃん」は、伊予弁のニュアンスを正確に伝えるのは難しいようで、映画化（映像化）も何度かはされたが、名画として世に残るほどのものはないようだ。

安倍能成『我が生ひ立ち ―自叙伝―』

【原文】

「子売らう」といふ遊びもある。「子売らう。子売らう」と一人がいふと、相手が「子買はう、子買はう」といふ。子売りが「いんで何喰はしや」(つれていって何を喰はすぞ)といふのに答へて、「鯛の骨だこいか買ふてくはそ」といふと、売手は「それあんまり骨かましい」と反対する。「そんなら天から落ちた焼饅頭」といふと、「それあんまり勿体ない」と答へる。そこで「池の端のしゃしゃぶ(ぐみの類)」といふと、「それあんまりほろ汚い」と又反対する。最後に「こんこ(こうこ)に茶漬」で、「それならまあよからう」と談判成立するのである。

【付言】

安倍は、明治に松山の商家が立ち並ぶ町家で幼少期を過ごした。これは、全国的に知られる「はないちもんめ」である。花一匁を売り買いする値段決めに一喜一憂する様との説がある。ともかく、全国各地にご当地バージョンがあったようで、記憶力の良い安倍によって、生の声が残された。

安倍はまた同書で「封建時代を通じた現象であらうが、松山の方言は士分と町人、それから近郷の農村、即ち松山で言ふ郷中と分かれて居たやうである」と書いている。

「……徳川一族が三河国岡崎の出である所から、士分の詞には岡崎辺の言葉と共通なるものが多いやうに思ふ。例へば「おいきる」(「いく」といふ詞と「御いでになる」といふ詞の中間にあたる)

とか、「おしる」とかの詞の如さである。このことは尾張領だった木曽福島の宿の主人の詞にも、大分前に感じたことである。親族関係を示す詞であまり外で常用されて居ないのは、親類を「一類」といったり、遠縁を「回縁」といったりするが、これは細かく広く方言を採集して見ないと、精確に松山に特殊なものとはいへまい」とも述べている。

司馬遼太郎『坂の上の雲』

【原文】

……伊予ことばというのは日本でももっとも悠長なことばであるとされている。

「あのな、お父さん。赤ン坊をお寺へやってはいやぞな。おっつけウチが勉強してな。お豆腐ほどお金をこしらえてあげるぞな」

ウチというのは上方では女児が自分をいうときに使うのだが、松山へいくと武家の子でもウチであるらしい。

「お豆腐ほどのお金」というたとえも、いかにも悠長な松山らしい。藩札を積みかさねて豆腐ほどのあつさにしたいと、松山のおとなどもはいう。それを信さんは耳にいれていたらしい。

【付言】

今日では「坂の上の雲のまち」などと称するまでになったこの街では、司馬遼太郎氏描く秋山好古、真之兄弟と正岡子規の三人は、文化的指標にもなっている。

真之を養子に出そうという話に、兄の好古が阻止しようとしたあたりも、悠長な会話体だ。次男以下を養子に出すのは、この城下町では珍しいことではなくて、優秀に育ちそうな男子は、家社会を保ちたい向きにには、是が非にも欲しい存在だった。そうして後日に著名人になった松山出身者も多い。

早坂暁『ダウンタウン・ヒーローズ』

【原文】

……あの岩村昇である。「藤田さん、ワシは芝居は出来んぞね。訛りはあるし……」
「チッターラインは田舎の理髪師じゃけん、訛りがあったほうがええ」
「いや、役者はでけん。うしろのほうで賛美歌でも歌うけん、それで勘弁してくれ」
すでに城北女学校からは演劇部の女王（と藤田は言った）前村房子さんが、顔を見せている。劇の中で歌う場面がある。

【付言】

作者の育った松高（旧制松山高等学校。戦災で焼失）時代の青春を生き生きと描いている。作者の使っていた言葉が、作品の中に多彩に表現されて、その古い言葉が若々しく響くから不思議だ。

松高は地方エリート学生たちの育った学舎。子供でもなく、大人にもなりきれていない学生たちが、結構大人びた生き様を見せてくれ、それがまたユーモラスである。旧制高校の世界とは言え、作者は重要な役割の女性たちも配して、読み物の面白さがたっぷりだ。

映画化（山田洋次監督）も期待以上であった。主役の中村橋之助（のちに中村芝翫）、ヒロインの薬師丸ひろ子らの配役も清々しく印象的で、また旧宇和町小学校の校舎を使った撮影や、当時の松山の街の埃っぽい雰囲気が再現されていて好評だった。劇中劇の舞台となった旧制松高の講堂・章光堂はいまも保存され、後日に同映画の市民上映会場になった。

敷村良子『がんばっていきまっしょい』

【原文】

机につっぷして眠りこけていた。早起きのばあちゃんが階段を上がってきて目が覚めた。時計は五時をさしていた。課題はまだ半分もできてない。焦った。ノートにはよだれでシミができている。

「あれ、どしたんぞや。こんな格好で寝て」

「宿題しよったら、寝こんでしもた」

「そりゃ、大ごとじゃが」

「ばあちゃん、姉ちゃんはすごいねぇ」

ばあちゃんは「どっこいしょ」とベッドの端に座った。誕生日を迎えるごとにだんだん小さくなっていく気がする。

「牛は牛なり、馬は馬なり。牛も馬も立派に人の役に立つ。比べることないぞね」

【付言】

松山市主催の「坊っちゃん文学賞」第四回（一九九五）受賞作として世に出た。地元作家でしかも卒業した松山東高校が舞台だったから、注目度は非常に高かった。一九九八年に田中麗奈主演で映画公開された。さらに二〇〇五年七月から九月まで鈴木杏主演でテレビ連続ドラマ放映され、作品もイメージも人々の記憶に刻まれた。

単行本化された、その腰巻き（本の帯紙）に、高橋源一郎、椎名誠、中沢新一、景山民夫、早坂暁とすごいメンバーが短評を提供していて、特に椎名は「文章がよく、ここちいいリズムがあって、明るい。松山の方言が全体のムードづくりにうまく効いている」とある。

作者がローカル色をしいて出そうとしたのではなくて、自らの日常生活の中に生きていた方言（なんとも温か味のある言葉）を自然に綴ってくれたのだろう。ともかく若者たちの瑞々しさ、明るさ、前向き姿勢、その中にあるドジさ、ユーモアと、暗く未来を捉えがちな今日にあって、とても素晴らしい作品を残してくれたものだ。

正岡子規 「曼珠沙華」（『子規全集第13巻』所収）

【原文】

童は手持無沙汰に蛇をいじくって居たが、変な顔をして姉の顔をみあげた。

生れ変るて、どうするのけ。

畜生になるのよ。

何時から畜生になるのけ。

何時か知らんが、なるのよ。

ほんたうけ。
ほんたうよ。
畜生てゝ何になるのけ。獅子なら善えな。獅子が一番強い。馬でも牛でも皆負けるのぢゃ。人でも何でも皆くふてしまふのぢゃ。
蛇をひどい目にしたら、蛇になるかも知れん。
蛇なら構ん。黒蛇が善えな。強いけん。

【付言】

「子規全集」にあるほか、「部落問題文芸・作品選集第五巻」に入っている。子規には十編の小説があって、これは、明治三十年の秋に執筆し、生前未発表に終わった。

恵まれた家に育った男性と、被差別部落の娘との悲恋物語で、子規がこうしたテーマに取り組んだのは何故か。幻想的で、不可思議な世界を描きながら、どうしようもない自己との戦いのようでもある。

これを書いた子規は、前年にカリエスと診断され手術を受ける。年を越し再手術、重体にもなり、死を強く意識していく。弱者への思いが伝わってくる。

少女は、人に嫌われがちな曼珠沙華や蛇に心優しさを示す一方で、差別に強い怒りを示す。そこに、子規の弱者を描く作業で、自ら抱え込んだ生という難題に処しようとする姿が見える。

物語の中で交わされる会話は、松山ことばだ。深刻なテーマが、柔らかい言葉遣いによって、癒やされる。

河東碧梧桐『子規を語る』（三津のイケス）

【原文】

子規「さア何でもそこらにあるものでよかろがな、何でもお出しや」

非風「題を出すって、いつもの競り吟ぢゃろうな、それならアシが出す、田舎者の髪の匂い、どうぞな、いかんかな、女の素肌、こりゃア一寸よかろがな、いかんな、そうかな、人三化七針金眼に団子鼻はどうぞなハッハッ」

一同「アハ、、、、、、」

子規「エ、加減にしょうや、へーさんお前何かお出しや」

碧梧「出してもエ、かな、ぢゃ蓮の花」

子規「蓮の花、そう〳〵来る道に咲いとったな、アシら少さい時分、お壕の蓮が一杯ぢゃったがな、南堀端の何とか庄兵衛と言ったお爺さんが、蓮のさかり時分はポン〳〵花のさく音がして、床の中でひとりでに目がぱちりと明き、ポンと来るとまた頭があがり、又ポンと来ると半身が起きて、ひとりでに床の中から起きられる、と言ひよいでたさうな」

【付言】

松山三津浜に遊んだ若者たちのイケス料理屋でのやり取り。この場に居たのは正岡子規、高浜虚子、河東碧梧桐、新海非風ら。「いかんかな」「よかろがな」「お出しや」「アシ（私）」と同輩の会話が続く。

競り吟とは、句会と称して、だれかが題を出して、早く出来た者から、同じ一枚の紙に書きつけていく。拙速を重んじ、句づくり鍛錬の場とした。その場の空気を再録してくれているところに、読む楽しさがある。

この回想は、明治二十五年の競吟句会を昭和九年に書き記した。碧梧桐には、子規を回想した作品が、このほか「子規の第一歩」「子規言行録」「子規の回想」とある。

高浜虚子 「子規居士と余」(『回想 子規・漱石』所収)

【原文】

居士が袴を穿いてゐるのは珍らしいので「どうおしたのぞ」と聞くと、

「喜安璡太郎はお前知つといでうが。あの男から講演を頼まれたので今其を遣って来たところよ」

「さうかな。何を講演おしたのぞ」

「文章談をしたのよ」と其から間も無く其の風呂敷包を開いて一つの書物を取り出して見せたのは浪六の出世小説「三日月」であった。それから「内容は俗なものだけれど、文章は引締ってゐてなかなか旨い処があるぞな」と居士は言ふ。

「そんなに旨いのかな。露伴より旨いのかな」

「尤も私は馬鹿にしてゐて二三日読まなかったのだが、読んでみるとなかなか旨いから、今日持って行って材料にしたのよ」

【付言】

雑誌「ホトトギス」に明治四十四年から大正二年に連載され、大正四年に単行本になった。「~

おしたのぞ」「〜ぞな」「〜かな」「私は」などと、当時の子規と虚子の肉声が聞こえてきて、松山のぬるさがよく分かる。

浪六とは、村上浪六（一八六五 慶応元年〜一九四四 昭和十九年）で、「三日月」に始まる大衆小説作家として知られた。

服部嘉香 「詩・子規忌」

【原文】

たまたま子規忌の日である
香華を供へ
一話を手向けた
題していふ「正岡子規と自然主義」
「浜ちゃん、変なことおいなよ」
「あい〳〵」
ふるさとの子規忌に列しわれ八十
升さん あしは生きてゐたぞな

【付言】

子規忌は九月十九日。糸瓜忌とも獺祭忌とも言う。昭和四十一年九月の「子規・漱石・極堂生誕百年祭」に松山に帰郷した嘉香は、「子規と古白と拓川」と題して講演し、親戚の側から眺めた三人の話をしている。その後まもなくの同年十一月には、定期刊行物「愛媛」十一月号に「万感交々」と題して、その際の帰郷を詳述している。この詩は、嘉香の第四詩集「バレエへの招宴」本にある。「浜ちゃん」「升さん」とある、浜ちゃんは嘉香の本名浜二郎への親しみを込めた呼び名で、升さんとは、正岡子規の幼名のぼるさんだ。二人の間柄は、歳二十ほども離れていたが、セナカアワセの従兄弟であった。

この帰郷時、齢八十になった嘉香の「あし（私）は」が、いかにも松山人だ。「あいあい」の表現も面白い。すでに松山では死語だが、八木彩霞の次男洋美の文章に「愛媛の言葉では『わかった』という意味でよく『あーあい』という言い方をする」とある。嘉香の使った「あいあい」も一緒だろう。古い時代に生きた人同士の、分かり合える言葉だ。

嘉香は藤野古白とも縁戚で、安倍能成は松中の先輩でもあった。嘉香の父は、松山藩士だった服部嘉陳。東京の常盤会寄宿舎創設時の初代監督をした後に松山に帰郷した。嘉香は東京生まれだが、父の帰郷とともに、多感な時期を松山で育ち、口語自由詩運動をすすめた。

獅子文六『てんやわんや』

【原文】

……「諸君、何を誤解してるのですか」私は、すべてを否定しようとした。

「トボけなはっても、いけんてや。あの赤い布団が、証拠物件やけんの」

「赤い布団ぐらい、どこの家にもあるでしょう。そして、どこの家でも、布団ぐらい干すでしょう」

と、私が抗弁すると、一同は、腹を抱えて、笑うのである。

「外の土地やったら、どうか知らんが、檜扇(ひおぎ)で、そがいなこと言やはっても、通用せんかいの。檜扇の赤布団ちゅうて、嫁入り布団じゃけん、年頃の娘のおる家は、どこでも持っとりますらい。そしてその布団使うたら、翌日には、人目につく所へ展げて、皆に見て貰う習慣ですけんな。なんぼ、先生が抗いなはっても、これだけはいけんてや。アッハッハ」……


【付言】

主人公の狼狽ぶりが、ユーモラスで、それがまた南国の明るさを感じさせる。舞台は相生町という仮名の田舎町になっているが、愛媛南予の、あっけらかんとした人々の地域語が、ふんだんに飛び交っている。

獅子文六、本名岩田豊雄が宇和島市津島町岩松に住んだのは、終戦まもなく。戦中に戦争文学「海軍」を書き、戦意高揚の責任を問われかけて、都落ちしたとも言われる。

この新聞連載小説は、まもなく映画化され、淡島千景の映画デビュー作となった。のちに彼女は生前、遺品とも言える品々を津島町に託した。松山の道後温泉本館入り口にある「道後温泉」看板が、この映画撮影のために初めて掲げられた。

獅子文六　『大番　上・下』

【原文】

丑之助は、始めて、その器具を見るので、熱心な注意を向けた。長十郎が、得意になって、原紙や鉄筆やヤスリを示して、印刷方法を、説明した。

「巧いこと、でけとるな。何枚でも、同じように刷れよるんやな」

「活版のように、沢山は刷れんし、そして、字も汚いけんな」

刷り上りも悪いが、長十郎の字そのものが、悪筆だった。

「そんでも、活版とちごうて、書いたとおりに、刷れよるやないか。黒インクつけて、ペンで書いたのと、変らんてや」

……二人は、夜が更けるまで、ガリ版刷りを続けた。

「さア、でけたぜ。三十枚刷れたら、もうええやろ」

長十郎は、額の汗を拭いた。

「そやな。でも、何も序やけん、後二十枚ほど、追加してやんなせ」

……「そうじゃ・・。しかし、お前もガイな(大変な)こと、考えよったな。ラブ・レター、五十枚も、刷りよって、どがいする気ぞ」


【付言】


週刊誌の連載作品。小説のテンポが良くて、読んでいて先を急げる。引用分は、ラブレター(恋文)を謄写印刷して、当然に大勢に手渡すという奇想天外な作戦だ。ガリ版刷りという、終戦まもなくの、安価な新技術の導入と、これを知恵者が解放感あふれる男女の結び付きに用いようとする、旧来からの地方語の躍動感と新しい時代の奔放な行動がミスマッチのようで、それが面白い。

小説は映画化され、最初の「大番」、「続大番・風雲篇」「続大番・怒涛篇」「続大番・完結篇」と四作にもなった。主役の加東大介もギューちゃんと呼ばれて代表作となった。テレビドラマ化でも、渥美清がギューちゃんを演じた。

小野田勇「小説おはなはん」（NHK連続テレビ小説）

【原文】

「これ！　おはな！　なにをしとるんぜ、こがい大事な日に……」

てるが見上げる大木の幹に、あろうことかあるまいことか、美しい友禅の袖をひらめかせたおはなはんが、小手をかざしているのである。

「早う下りんかい！　おはな、婿さんがおいでるんぜ」

必死の声を振りしぼるてるを見ようともせず、おはなはんはケロリとして答えた。

「ほじゃけん見とるんよ。お父さんは写真も見せてくれんけに、一体どがいな婿さんじゃろか思うて」

【付言】

お見合いの日、自宅にやって来るお婿さんを、おはなはんが木に登って待ちうける、印象的な代表的シーンである。「おいでるんぜ」「どがいな」と、親しみのこもった南予弁である。

「おはなはん」本は二冊ある。一冊は林謙一の「随筆・おはなはん一代記」で婦人画報に掲載された、こちらが原作。もう一冊がこの小野田勇「小説おはなはん」で、原作の好評を受けて、NHK朝の連続テレビドラマ化され、脚本を小野田が書き、単行本にした。前者の舞台・徳島が、テレビ撮影の都合で大洲になり、阿波弁が南予弁になった。

主人公の何という楽天さ、天真爛漫さ。見合い結婚し、若くして夫を失い、何度もの戦争時代をくぐり抜けながら、人は、深刻な状況の中でも、何とかなるのだというメッセージが、多くの視聴者に共感を得られたのだろう。朝のテレビ小説の第六作だった。昭和四十一年春から一年間、樫山文枝、高橋幸治らの生き生きした演技が、高度経済成長期に入りかけた時代の、茶の間の姿までかえつつあった家庭に入っていったのだった。

風流山人「伊予方言俗謡抄」

【原文】

伊予の訛は　ナモシにナーシ
ノモシ　ノーヤも　アライ　ネヤ
ソゲニ　オシナヤ　痛いガヨ
ソイでもカマン　言うツロが
ホジャ　テテ　サッチに　言うケンよ
こらえてツカー　またあした

【付言】

六行の単純そうな言葉遣いが、実は込み入っている。カタカナ書きを一つずつ押さえていくと、一行目は中予に南予、二行目は中予に東予、全県に全県、三行目は全県に全県に南予、四行目は東中予に全県と全県、五行目は東中予と東中予に全県と全県、六行目は東予。要するに原作者は、東中南予で別々な方言と、全県域で使う方言を巧みに組み合わせて男と女の会話に仕上げている。

俗謡というのは、その時代の、ちまたの流行り歌のことで、抄とは一束にして示したという意味だ。引用文そのものは、武智正人の本文掲載の同ページに囲み記事にしてある。武智がどう関わっているのか分からないが、ご本人は、愛媛の方言探求者として多様な研究遺産を残されている。

重松冬楊捌　「松山ことば詠込半歌仙・なもしの巻」

【原文】

らしもなう寒いなもしと出合ひけり　重松冬楊
ちょこずんばいに着たる半纏　池川蜩谷
上がり戸は桜欅の構へにて　中須賀睦月
ちんぷんかんの英書舞ひ込む　渡部伸居
月齢を背なのおとんぼ歌ひをる　宮内竹仙
がらんすほどの実のりたる柿　楊
だゝぼだに酔ふて転んで在祭　谷
さらこいもんよ娘手なづけ　月
そねまれてゐるとは知らぬ二人仲　居
すったもんだのあげの国会　仙
ほじゃけんど消費税とはめんどうな　楊

だすらこい橋流されてをり　谷
盥水浴みつ月見んおだいつう　月
奥の大蛇の化けしをなごし　居
どえらいぞ古き城跡掘り出され　仙
雛の市のがいな繁昌　楊
おちょうしが揺すりこかせる花吹雪　谷
だんだん言ふて観てる初虹　月

平成元年十二月二十日　首
平成二年　二月二十日　尾

【付言】

「文化愛媛第29号」に掲載されている半歌仙である。半歌仙とは、連句の世界で、三十六句を連ねる（歌仙一巻という）ところを、その半分（初折分）で一巻完成とする連句づくりである。

作品は「発句」「脇」に始まり、「月の定座」や「花の定座」などと式目を大真面目に実行し、恋の句を入れたり、全巻に方言という生活臭たっぷりな雰囲気を漂わせている。ただ、何年も先になると、言葉の意味自身が分からなくなったり、ましてその味が分からなくなるだろう。

捌き手は松山市平井に住まわれた重松隆之、号冬楊。東松山連句会のお仲間の共同作品、言わば合作による地域遺産である。いい財産を残してくれた。

堀内統義「詩・よもだかんとりーぶるうす」

【原文】

あしは伊予のよもだじゃけんねや
あしは伊予のよもだがいやがる
びんだれぞなもし
あしは伊予のよもだがいやがる
びんだれもたまげる
のらでにゃ
あしは伊予のよもだがいやがる
びんだれもたまげる
のらがのけみそにする
こけさくじゃ
いけずじゃ
せんみつじゃ
もげさくじゃ
どべのへちむくれのごくつぶしじゃの
なんぼでもわやくちゃにいよるけどねや
ありがたくちょうだいしとるんよ

【付言】

この一編の詩はまだまだ続く。堀内の詩には、土俗性を打ち出した幾編かがある。なかで、この詩は特に、言葉の土俗性をこれでもかと極めていった面白さに満ちている。言葉の上品さなんていう良識人的代物を廃して、一見しては泥臭そうな生活語の森を探求していくと、何と温かみのある、誠実さに満ちた世界が見えてくることだろう。詩人は、どこにでも転がっている生活言葉を拾い出すことによって、そこに独特の情感を伝えてくれる。なじ、そうなるのか。生活語とは、長い歳月を経て、伝えられてきた遺産であるからだ。

堀内は長く教職にあって定年退職。多くの詩集、散文集があるほか、俳人芝不器男の研究者でもある。近年は、正岡子規に縁遠いとされてきた女性に対する通念を解きほぐそうとされてきた。

小倉くめ　「詩・松山へ来る朝」

【原文】
久万へ避難してもろとるかぁちゃんの元へ帰ると
今日、往(い)ぬるん?
嬉しさと不安が入り交じったかぁちゃんがすぐに聞く
今度は、明々後日(しあさって)まで居(お)るけんな。
ほぅけ、ほいたら今日は往にゃせんなぁ。
往にゃせん往にゃせん。

幼児に言い聞かせるみたいにして・・明々後日が来ると
今朝は、ご飯食べとない。
パンが半分残っとる
何時のバスで往ぬるん？
何べんも何べんも同じことを繰り返す……

【付言】
松山に出ていた娘が故郷の久万に久しぶりに戻ってきて、そこで生活する母との会話。親への思いが詩で綴られていく。

くめさんは身障者。「秘めだるま」の発行者で、ラジオ番組に出ている。

作者は日常に方言、いや昔から使ってきた生活語を使っている。生活語は、泥臭さとして理解されがちであった。泥臭さとは何であったのか。

明々後日は、明日（あす）、明後日（あさって）（＝明日去って）、明々後日（しあさって）と続くように、し明後日、つまり「し」を冠した言葉で、「し」の意味には諸説あって奥が深い。往（い）ぬるも古典によく出ている、歳月を経てきた言葉であった。つまり「方言だ」と卑屈に思わされてきた言葉の多くが、歴史的遺産であったのだ。

娘と母の会話は、特異では決してなくて、離島でも過疎地でも古くなら日常的に用いてきたのだった。個人的な母子の切なさが、言葉自身を理解していくことによって、共感の世界を広げていく。

富田狸通　「狸のれん・誇らしき方言」

【原文】

大正の中期ごろ、先代の市川猿之助が、初めて「坊っちゃん」を芝居に上演したとき、例のナモシや伊予弁のセリフのアクセントがむずかしいので、松山人についてその発音を稽古したときのこと、……その時に選ばれたのが、……松山出身の洋画家八木彩霞さんであった。八木さんは毎日猿之助一座の稽古場へ出かけて、熱心に伊予弁の指導をしたが、どんなにうまく真似たようでも、どこかしらアクセントが引っかかって具合が悪い。そのとき猿之助は「江戸っ子育ちは生まれ付き頬の筋肉がベランメー口調になっているのだから、まず頬の肉をほぐしてかからねばならん」と注意したという。（「柿」昭和四十一年十一月）

【付言】

二代目市川猿之助、初代市川猿翁（一八八八〜一九六三）であろう。彼に伊予弁を指導したとされる八木彩霞（一八八六　明治十九年〜一九六九　昭和四十四年）は、松山市北夷子町で生まれ、師範学校卒業後に教師、のち横浜に出て、洋画家となった。次男の八木洋美著「彩霞功罪録・絵描きになった横浜元街小学校の先生」が詳しい。

小説『坊っちゃん』は、映画化に舞台劇にと、知られた。芝居は、帝劇五十年史によると、一九三〇昭和五年帝国劇場で「坊ちゃん」が興行され、市川八百蔵の赤シャツ、大谷友右衛門の山嵐、市川猿之助の坊っちゃん、中村翫右衛門の野だいこ役の記録がある。文化デジタルライブラリーで探すと、坊っちゃん役とみられる秋野教師に市川猿之助、堀田教師に六代目大谷友右衛門の写真が残る。あの「今日は帝劇、明日は三越」の帝国劇場だ。

伊丹十三「テレビ・コマーシャル」

【原文】

もんたかや
まあタルトでも　おあがりや
ほて　しぇーしぇきは　どうじゃったんぞ
どげかや
ほら　おまえが　のふぞうなけんよ
つばえてぎり　おったんじゃろが
残念なねや　もう残念からげるぞよ
まあ　しぇ（精）出して　タルトでも食べることよ

【付言】

多様な才能を発揮された作者の、自作自演のコマーシャルだった。伊予弁中の、伊予弁の神髄部分を取り出して、それも生真面目ではない、ユーモア溢れる会話で、楽しませてくれる、サービス精神溢れる高等？作品だった。作者は同様なタルト・シリーズのテレビ・コマーシャルを幾つか世に出された。高齢化社会を先取りされたような、バス後部席の男性二人が、松山の有名なお菓子の名を思い出そうとして悩んでいるのも秀作だった。

〈索引〉

あとがき

新聞紙面の埋め草にと、遊び心で書き散らしたものを、「本にシトウミヤ」と何人かに勧められ、おだてに乗って、現役引退の際に自費出版しましたのが、旧版「伊予弁ぞな」（２００３年３月発行）でした。それを世間にさらしてから十余年を経過し、今回は愛媛新聞社自身で再版したいとのお話をいただいて、「ホシタラ、こちらからオマケをつけよワイ」と、末尾別稿として「文芸作品の中の伊予弁」小文を付け加えてもらいました。

もとより、名をなされた方々（お元気でご活躍の方も）の熟達文を拝借引用しました失礼の上に、不遜ではありますが、これら作品への思い入れを記します。これらは文字情報でありながら、アクセント、ニュアンスまで肉声が分かるような肌感覚で味わえます。同じ時代、近現代に生かされたおかげで、登場者たちの息遣いまで理解できるのが嬉しいのです。

やがて、長い歳月を経れば、これらアクセントはもとより、ニュアンスまで分からなくなるだろうナ、と思えたりします。後世に訳文にしても、その当時に生きた人々の生真面目さやユーモラスなど正確には伝わりますまい。

お断りをしておくと、本のタイトルの伊予弁には矛盾があります。本文大半の伊予弁説明における伊予とは、筆者の育った松山周辺での、という意味です。新版後尾の文芸作品で冠しました伊予弁の伊予とは、こちらは愛媛県域、東中南予を指しています。「伊予」とは実に使い勝手のいい、エエカゲン言葉なのが好きなのです。

二〇一五年十二月

松友武昭

新版 伊予弁ぞな

2015年12月17日 初版 第1刷発行

著者 松友 武昭
発行者 土居 英雄
発行所 愛媛新聞社
〒790-8511
松山市大手町一丁目12番地1
編集 愛媛新聞サービスセンター
電話〈出版〉089(935)2347
〈販売〉089(935)2345
印刷製本 岡田印刷株式会社
挿絵 柳原あや子

ISBN978-4-86087-122-2 C0095